그림; 교회, 우리가 사랑한

일러두기

- 각 부 안에서 교회의 순서는 가나다순이다.
- 루스채플은 대학 교회로, 교단명을 표시하지 않았다.

그림, 교회

우리가 사랑한

이근복 글 그림

태학사

아름다운 별자리처럼

추천사
김기석(청파교회 목사)

"그려 보지 않은 것은 알지 못하는 것"이라는 말을 처음 들었을 때 당혹스러움을 느꼈다. 도무지 그리는 일에는 재능이 없었던 터라 나는 진정한 인식에 도달하기 어려울 수도 있겠다는 생각이 들었던 것이다. 하지만 언어로도 그림을 그릴 수 있다는 생각을 하며 애써 열등감을 감췄다. 이근복 목사님의 『그림; 교회, 우리가 사랑한』을 보며 애써 묻어 두었던 열등감이 다시 솟아올랐다.

한국 기독교 역사에서 일정한 역할을 감당했던 72개 교회의 전경을 붓펜담채화로 담아내는 작업은 여간한 애정이 아니고는 감당할 수 없는 일이다. 그리기 위해서는 자세히 보아야 하고, 자세히 보기 위해서는 아끼는 마음이 선행되어야 한다. 젊은 시절부터 사람들이 한사코 회피하는 우리 시대의 갈릴리에 머물렀던 저자는 무너져 가는 한국 교회의 현실을 누구보다 아파했다. 무너져 가는 기둥을 어깨로 떠받치듯 혼신의 힘을 다했다. 학철부어[涸轍鮒魚], 수레바퀴 자국에 고인 물속의

붕어처럼 숨을 헐떡이는 교회에 그는 물 한 줌을 보태는 심정으로 살고 있다.

그가 그린 교회 그림을 유심히 바라보다 보면 눈시울이 뜨거워진다. 그림을 그리는 일을 벽돌을 쌓아 건물을 짓는 일에 빗대기는 어렵지만, 수없이 많은 선들을 긋는 그의 모습이 떠올랐기 때문이다. 각 교회의 역사와 결정적 순간들을 떠올리며 그 빛나는 순간이 재현되거나 지속되기를 바라는 염원을 담고 있음을 알기에 각각의 그림을 무심히 바라볼 수 없었다. 형태가 어떠하든 교회 건물은 단순한 건축물이 아니라 응고된 기억이다. 수많은 사람의 기도와 찬송이 배어 있고, 숨죽인 채 흐느끼던 사람들의 눈물과 아픔이 서려 있다.

이 책에 담긴 72개의 교회가 한국 교회 역사를 대표하는 것은 물론 아니다. 그렇지만 각 교회가 걸어왔던 간략한 역사 이야기는 교회가 서야 할 자리는 어디이고, 무엇을 지향해야 하는지를 가리키는 이정표가 되기에 충분하다. 어두운 하늘을 배경으로 별들은 저마다의 자리에서 반짝이지만, 그 별들이 이룬 성좌는 사람들에게 꿈을 꾸게 만든다. 이 아름답고 소박하고 진정성이 느껴지는 글과 그림을 통해 많은 이들이 다시 한번 거룩하고 보편적인 교회의 꿈을 꿀 수 있으면 좋겠다.

천 번의 수고와 정성으로 쌓아 올려진 수작[秀作]

추천사
윤경로((사)한국기독교역사연구소 이사장, 전 한성대 총장)

지난 2년 동안 코로나 팬데믹으로 음침한 세월을 보내고 있는 이때 『그림; 교회, 우리가 사랑한』이라는 색다른 제목의 책이 눈길을 끈다. 이 책은 교회 창립 100년이 넘은 한국 교회 가운데 역사성이 남다른 교회들을 추려, 첫 번 세워진 한옥 예배당을 비롯한 교회 건물의 변천사를 한눈에 볼 수 있는 '100년 된 한국 교회 건물 그림첩'이다. 우선 이 '그림첩'이 흥미로운 것은 사진보다 더 사실적이면서도 정교하게 붓펜으로 그려졌다는 점일 것이다.

'찰칵' 한순간이면 사진첩에 옮겨 담을 수 있는 첨단 시대에 이렇듯 세미한 붓펜으로 수백 번 아니 천 번 이상의 손놀림의 수고와 정성을 쌓아 그려진 수작이라는 점이 매우 돋보인다. 동시에 그 노고와 아울러 그 신심과 정성이 경이롭다. 그것도 전문 '붓펜화가'가 아닌 목사님의 '아마추어' 작품이라 생각하니 더욱 정감이 간다.

내가 알기로 이 작품집을 낸 이근복 목사는 매우 바쁜 분이다. 한 교회를 담임하는 개교회 목회자가 아니라 한국기독교교회협의회 교육훈련원장, 크리스챤아카데미 원장 등을 지내며 현재 한국 교회와 한국 기독교가 안고 있는 여러 문제점들을 지적하고 개혁하기 위해 동분서주하는 역동적인 목회자의 한 분으로 알고 있다. 그런 분이 그 바쁜 와중의 틈새를 활용하여 이렇듯 정겨운 작품집을, 특히 우울증에 빠져 있는 작금의 한국 교계에 내놓았으니 참으로 반갑고 고맙다.

이 책은 단순히 붓펜으로 그린 '담채화집'에 머문 것이 아니라, 작품에 담긴 교회들이 엄혹했던 지난 100년간 한국 교회와 한국 사회에 기여한 역사성을 현재적 시각에서 재해석한, 짧지만 단단한 글이 매우 돋보이며 큰 울림을 준다는 점에서 더욱 반갑고 고맙다.

아무쪼록 이 작품집이 한국 교회를 염려하고 사랑하는 크리스천들에게 가까이 다가갈 수 있기를 기대한다.

성결한 마음에 접속하게 하는 교회 그림들

추천사
조현(한겨레신문 종교 전문기자)

공자는 그림 그리는 일을 회사후소[繪事後素]라 했다. 그림은 흰 바탕이 먼저 있고 난 뒤의 일이라는 것이다. 이처럼 사람도 먼저 바른 바탕을 갖춘 뒤에 그림을 그리려 해야지 겉모습만 멋지게 꾸미려 해서는 결국 얼마 못 가서 본모습을 드러내고 만다는 것이다.

그림은 모습, 즉 상[像]이지만 결국 심상[心像]의 드러남이다. 특히 종교화라면 두말할 나위가 없다. 이근복 목사님의『그림; 교회, 우리가 사랑한』은 담백한 수도자가 단좌한 듯한 느낌이 든다. 아마도 화가가 살아온 바탕이 맑고 선하기 때문일 것이다. 그림 속 교회들은 건물이나 물질이 아니라 기도의 마음, 묵상의 마음에 접속하게 한다. 좀 더 크고 웅장한 건물보다는 작고 시골스럽고 예스러운 교회 그림에서 100년의 시간을 넘은 깊은 접속이 이뤄진다. 경북 봉화군 법전면에 있는 척곡교회나, 경북 영천시 화북면의 자천교회, 경북 영주시 평은면 내매교회, 충북 진천군 진천읍 진천성당, 전북 김제시 금산면 금산교회, 충남 논산시 강경읍 강경성결교회, 강원도 홍천군 서면 한서교회 같은 소박한 교회 그림들에서 말이다.

　한국은 해방 이후 70여 년간 한강의 기적을 이뤘다. 그 선봉에 한국 교회가 있었다. 한국 교회는 전 세계적으로 유례를 찾아보기 어려운 외적인 팽창으로 외형적으로 큰 성공을 거뒀지만, 내적으로는 공허해진 감이 적지 않다. 100여 년 전 한국 교회가 이 땅의 소수파였을 때 가졌던 그 소박한 겸손과 헌신의 자리를 외적인 성전 과시와 자만과 배타와 차별이 대신할 때가 적지 않다.

　하지만 이 목사님은 한국 교회의 주류가 걸어온 대로를 두고 좁은 길을 선택해 걸어왔다. 1983~1990년엔 영등포산업선교회에서 노동자 목회를 하는 등 평생 '돈 안 되고 고생스런 일'만 사서 해 온 분이다. 신학교를 졸업하고 '책상에 앉아 있지 말고 거리에 나서라'거나 '머리로 일하지 말고 몸으로 일하라'는 훈련 지침에 따라 공장에서 현장훈련을 했다. 이 목사님은 산업선교회 3대 총무를 맡았던 1980년대 문익환 목사, 이우정 교수 등 민주인사들을 초청해 강의를 했고, 지하 공간에선 늘 노동자들의 풍물 소리가 진동했고, 방마다 노동자들이 모여 모임하고 연극과 콩트를 연기하며 노래를 불러 24시간 불이 꺼지지 않는 곳이 되었다. 250여 평의 좁은 건물에 2천 명이나 들어차 노동자 집회가 열리기도 했다. 소외됐던 노동자들은 이 목사님이 깔아 준 판에서 살맛 나는 해방과 구원을 경험했다. 말이 아니라 몸으로 살아온 이 목사님이 다시 말보다는 손으로 그가 꿈꾸는 세상을 그린 것이 바로 이 책의 교회 그림들이다. 그래서 그 교회 그림엔 가진 자와 외형성장 속에서 잃어버린 예수님의 약자 사랑과 돌봄과 한국 초대 교회 목사와 신자들의 따스함과 손길이 배어 있는 것이다.

    대학 때 새문안교회 대학부에서 주혜주 교수님이 이상주의자인 이 목사님을 배필로 정해, "가정 경제는 내가 책임질 테니 당신은 할 일을 하라."고 해 주고, "70~80년대 열심히 살다가 방향을 바꾼 분들이 많은데, 조용히 변치 않고 자신의 길을 가는 남편이 감사하다."고 말해 주며 평생 밀어준 것도 이 목사님의 그 성결한 마음을 너무도 잘 알고 사랑했기 때문이었을 것이다. 간호학과 교수이자 정신병 치유자인 주 교수님이 몇 년 전 책을 출간하고 가진 토크 콘서트를 본 적이 있다. 그때 대담자가 "나에게 있어서 '정신 간호'란?"이라고 묻자 주 교수님은 "또 하나의 이근복이다."고 답했다. 남편인 이 목사님이 '내 삶을 충만하게 해 주었기 때문'이라는 것이다. 평생 주 교수님이 한집에서 느꼈던 그 충만한 이 목사님의 심성을 이제 우리도 조금이나마 맛볼 수 있게 됐다. 이 소박하면서도 성결하고 영적인 교회 그림을 통해서 말이다.

한국 교회의 진정한 회복을 꿈꾸며

서문

2017년 11월, 기독교 인터넷신문 『뉴스앤조이』에 '그림으로 만나는 한국 교회'를 올리기 시작하여 3년 반의 긴 여정을 마쳤습니다. 중세 교회를 변혁하던 마르틴 루터가 은둔 생활하며 고뇌하고 독일어로 성서를 번역한 장소인 독일 바르트부르크성의 '루터의 방'과 우리나라 최초 조직 교회인 새문안교회의 첫 예배처소, 지역사회를 정성껏 섬겨온 경기도 양평의 문호교회를 소재로 그림과 글을 시작하여, 2021년 4월 한국 교회의 본보기인 청파교회를 끝으로 붓펜담채화를 끝냈습니다.

정식으로 그림을 공부하지 않은 아마추어이지만 오로지 한국 교회의 소중한 역사적 가치를 나누고 싶다는 열망으로 주로 100년 이상된 교회를 그리고 소개하는 일은 녹록지 않았습니다. 그러나 이 작업을 통해 민족과 사회를 힘껏 섬긴 신앙 공동체의 역할과 헌신을 알게 되어 교회를 더욱 사랑하게 되었습니다. 코로나 팬데믹이 아니었으면 예배당 내부를 더 관찰하고, 울릉도와 백령도 등에 있는 교회를 보기 위해 여행했을 터인데 아쉽기만 합니다.

화가 루카스 크라나흐(Lucas Cranach, 1472-1553)가 그린 비텐베르크 시교회의 네 폭 제단화가 마르틴 루터의 신학과 신앙의 혁신성을 시각적으로 담아 종교개혁운동을 확산하는 데 기여했듯이, 저의 어설픈 몸짓이 한국 교회가 본질을 바르게 회복하고 새롭게 출발하는 데 작은 보탬이 되길 소망합니다.

마음을 담아 감사할 분들이 있습니다.

먼저 추천사로 이 책을 빛내 주신 김기석 목사님(청파교회), 윤경로 장로님(전 한성대 총장), 그리고 조현 종교 전문기자님(한겨레신문)에게 경의를 표합니다. 그리고 서울 서대문도서관 서양화반에서 수채화를 가르쳐 주신 심우채 화백, 초보자의 교회 그림을 연재해 준 뉴스앤조이의 강도현 대표, 제 글을 수정해 준 강동석 기자(현 복음과상황)에게 감사드립니다. 집에서 대부분 시간을 그림과 글에만 매달렸는데도 늘 격려해 준 아내 주혜주 교수와 딸들, 응원해 준 형제들과 경복교회 허정원 집사, 옛 새민족교회 교우들, 사무실에서 이것저것 챙겨 준 실무자들과 기꺼이 현장에 동행해 준 친구 목사들에게 고마움을 전합니다.

특히 출판을 흔쾌히 감당해 준 서해문집 김흥식 대표와 태학사 김연우 대표에게 감사를 표하며, 이 책을 접하는 모든 분들에게 하나님의 은총이 풍성하게 임하시길 기도합니다.

안산 자락에서 봄을 기다리며
저자 이근복

차례

추천사

아름다운 별자리처럼 - 김기석　5

천 번의 수고와 정성으로 쌓아
올려진 수작[秀作] - 윤경로　7

성결한 마음에 접속하게 하는
교회 그림들 - 조현　9

서문

한국 교회의 진정한 회복을
꿈꾸며　13

1부 — 서울

구세군중앙회관　20

남대문교회　23

루스채플　26

상동교회　29

새문안교회　32

서울복음교회　36

서울주교좌성당　39

성니콜라스대성당　42

승동교회　45

아현교회　48

안동교회　51

여의도순복음교회　54

연동교회　57

영등포산업선교회와 성문밖교회　60

정동제일교회　64

종교교회　67

중앙루터교회　70

중앙성결교회　73

청파교회　76

한성교회　79

2부 — 경기도와 강원도

간성교회 84
강화중앙교회 87
내리교회 90
능곡교회 94
대원교회 97
도심리교회 100
문호교회 103
삼척제일교회 106
샘골교회 109
성공회 강화읍성당 112
수원종로교회 115
용진교회 118
제암교회 121
중화동교회 124
철원제일교회 127
청란교회 130
한서교회 133

3부 — 충청도와 전라도

강경성결교회 138
거산교회 141
군산복음교회 144
규암교회 147
금산교회 150
꿈의교회 153
단양교회 156
대전제일교회 159
세 양림교회 162
순천중앙교회 167
양동교회 170
여울교회 173
율곡교회 176
전주서문교회 180
진천성당 183
청주제일교회 186
해남읍교회 189

4부 — 경상도와 제주도 그리고 만주

가북교회　194

경주제일교회　197

김해교회　200

내매교회　203

대구제일교회　206

명동교회　209

모슬포교회　212

부산진교회　215

사촌교회　218

성내교회　221

안동교회　224

의성제일교회　227

자천교회　230

서농심례교회　233

제주성안교회　236

진주교회　239

척곡교회　242

초량교회　245

부록 : 지도로 보는 우리가 사랑한 교회 72　249

주[註]　254

1부

서울

구세군중앙회관

서울 정동의 호젓한 길을 따라가면 르네상스풍 건물 구세군중앙회관이 나옵니다. 구세군중앙회관은 1926년 한국을 방문한 구세군만국본영 2대 사령관 브람웰 부스(Bramwell Booth, 1856-1929) 대장의 70세 생일을 기념하여 1928년에 완공했습니다. 동시대 서울 장안의 10대 서양 건물 중 하나였으며, 구세군한국군국의 혼과 정신이 담긴 역사적 건물입니다.

르네상스 양식의 구세군중앙회관은 검소의 미학을 담고 있어 이웃을 섬기는 구세군의 특성과 잘 어울립니다. 좌우대칭 균형감이 돋보이는 입구의 네 기둥에서 르네상스 문화의 체취를 느낄 수 있습니다.

구세군중앙회관은 1985년까지 사관을 양성하는 구세군사관학교로 쓰였습니다. 1938년 구세군사관학교 28기생 전원은 일제의 신사참배 강요에 거부하는 결의문을 작성해 항거하다가 체포, 투옥됐습니다. 1943년에는 구세군사관학교가 폐교됐었고, 6·25전쟁 때 인민군에게 접수당하기도 했으니 수난의

서울특별시 중구
덕수궁길 130
1928년 설립
구세군한국군국

역사가 담겨 있는 셈입니다.

지금은 구세군사관학교는 과천으로 이전해, 구세군중앙회관은 구세군한국군국 본부와 박물관 등으로 사용하고 있습니다.

구세군[救世軍]은 영문 명칭 'The Salvation Army'(세상을 구원하는 하나님의 군대)를 번역한 것입니다. 1865년 영국 감리회 윌리엄 부스(William Booth, 1829-1912) 목사가 런던 슬럼가에서 소외받는 빈민층을 전도하고 구제 운동을 펼친 선교회에서 구세군이 출발했습니다.

1908년 10월, 서울에 도착한 구세군 로버트 허가드(Robert Hoggard, 1861-1935) 일행은 곧바로 거리 전도에 나섰고, 100여 명의 개심자를 얻을 수 있었습니다. 평양·개성·대구·광주 등에서 많게는 500명씩 모였는데, 이는 '구세군'이란 명칭과 직제 때문이었습니다.

구세군은 1907년 일제가 강제 해산한 대한제국 군대 용어와 계급을 그대로 사용하여 교인이 되는 것을 '병사입대', 선교사업을 '전투', 헌금을 '탄약금'이라고 했습니다. 찬송가는 '군가', 교회는 '영'[營], 성직자는 '사관'이었습니다. 당시는 강제 해산한 군대 병사들이 의병을 조직해 항일투쟁을 벌이는 상황이었습니다. 영국인들이 군복을 입고 들어와 입대를 권유하자 독립군에 가담한다는 생각으로 구세군으로 들어간 이들도 있었던 것입니다.

더구나 조선인 통역은 영국 선교사의 전도설교를 일부러 잘못(!) 통역했다고 합니다. 선교사가 영어로 '하나님 나라'와 '영혼 구원'을 외치면, '국권 회복'과 '나라 독립' 등으로 통역한 것입니다.

자선냄비는 구세군중앙회관이 완공된 해인 1928년, 한국 최초로 시작돼 이웃사랑의 대명사가 되었습니다. 빨간 냄비는, '마음은 하나님께 손길은 이웃에게'라는 표어로서 복음 전도 운동과 사회 정의 운동을 통합해서 선교활동을 벌이는 구세군을 상징하고 있습니다.

2017.12

남대문교회

최종원 교수의 책에 남대문교회의 가치가 나옵니다.

"근대 세계의 도전 앞에 반동적인 모습을 보였던 제1차 바티칸공의회 당시의 가톨릭과 오늘 대형 교회의 모습이 유사하다면, 대형 교회도 결국 가톨릭교회가 걸어갔던 길과 다르지 않은 길을 갈 것이라고 충분히 예측할 수 있다. (중략) 더불어 가톨릭이 맞닥뜨린 위기의 순간에 극적으로 그들을 구원해 준 것은 교리가 아니었음을 함께 기억해야 한다. 스스로 낮춰 세상의 변화에 긍정적으로 적응하고 세상의 공공선을 찾아가는 노력이 그들을 구원했다."[1]

서울특별시 중구 퇴계로 6
1887년 설립
대한예수교장로회 통합

서울역 앞 빈민가 양동의 남대문교회는 강남 이전 문제가 거론될 때 '남문 밖 정신'을 계승하겠다고 선언했습니다. 1890년 7월 무더운 여름, 선교사 가족들이 남한산성으로 피서 휴가를 떠났을 때, 헤론(John W. Heron, 1856-1890) 선교사는 전염병 환자를 치료하다가 34세에 별세했습니다. 혼자 가난한 백성을 돌본 '남문 밖 정신'은 성문 밖에서 사랑을 실천하신 예수 사역의 재현이었습니다. 교회는 이 정신으로 1997년 IMF사태 직후, 서울역 노숙인들에게 하루 4,000~5,000인분의 무료 급식을 시행했습니다.

미국공사관 의사 안련(Horace Newton Allen, 1858-1932) 선교사가 1887년 11월 21일부터 '제중원교회'라는 이름으로 시작한 예배를 '남대문교회'의 창립으로 여깁니다. 구리개(현 을지로)에 있다가 1904년 남대문 밖 복숭아골(현 세브란스빌딩 자리)로 이전했습니다. 3·1운동에서 이갑성 집사는 청년 대표로, 민족 대표 33인에 이름을 올렸습니다.

1924년 취임한 김익두 목사는 부흥사로 교회 발전에 기여했지만 이단 시비로 물의를 빚습니다. 1934년 부임한 김영주 목사는 '창세기 모세 저작설 부인 사건'으로 총회에서 이단 여부를 조사받았지만 일제 말 친일 '조선혁신교단'이 설립되자, 혁신교단 의장 전필순 목사의 제명을 요구하며 강력 저항했습니다.

1944년 김치선 목사가 부임하여 '300만 부흥 운동'을 전개했고, 대한신학교(현 안양대학교) 전신인 야간신학교도 설립했습니다. 1954년 미국에서 독립운동과 한인교회 활동을 벌인 김태묵 목사가 부임하여 교회당 건축에 힘썼고, 1957년부터 배명준 목사는 교회 발전에 기여했고, 1972년에 한국기독교교회협의회(이하 '교회협') 회장으로 헌신했습니다. 교회 개척에 심혈을 기울여 청량리중앙교회와 해방촌교회 등 26개 교회를 개척하고, 40여 개국 선교사를 후원합니다.

빌딩 숲 사이로 보이는 우아한 석조 예배당은 1955년 영락교회를 설계한 건축가 박동진이 고딕 양식으로 건축을 시작해 14년 만에 준공했습니다. 아름다운 외관과 장방형의 단순한 내부 평면이 비교적 양호하게 보존된 '서울 미래 유산' 예배당에 담긴 '남문 밖 정신'은 한국 교회의 소중한 밑거름입니다. 2019.08

루스채플

'한국 선교의 아버지'라고 불리는 원두우(Horace Grant Underwood, 1859-1916) 선교사는 YMCA 회장, 피어슨기념성경학교장, 새문안교회 목사, 한국어 문법 및 한영사전 편찬, 경신학교·연희전문학교 설립자로서 한국 생활 31년을 성심껏 수행했습니다. 복음 전도와 사회 선교의 균형을 추구하고, 교회 연합의 기초를 놓은 걸출한 인물이지만 연세대 본관 앞 동상은 소박하기만 합니다. 독특한 루스채플 건물에 대해 정종훈 교수(세브란스병원 원목실장)는 "독수리가 창공을 웅비하려는 듯한 형상을 지닌 루스채플은 연세의 교훈인 진리와 자유, 기독교 정신을 끊임없이 재생산하고 있는 산실이다."[2] 라고 증언합니다.

    루스채플은 캔틸레버(cantilever, 외팔보)라는 현대건축 기법으로 특별한 지붕을 만들고, 다양한 한국 전통문화 요소를 융합한 작품입니다. 건축가 김석재 장로가 한국전통 건축의 미학을 현대건축으로 구현하는 설계를 고민하다가 어느 새벽 서울 광화문 사거리의 '고종 즉위 40년 기념 비전'을 보고 디자인 모티브를

서울특별시 서대문구
연세로 50
1974년 설립

었습니다. 비각의 곡선 지붕이 조명을 받아 하늘에 둥실 떠 있는 모습에서 착안했습니다. 길게 튀어나온 양쪽 지붕은 연세대 상징인 독수리가 날개를 편 모습입니다. 볼록 솟아오른 지형은 수경원(사도세자 어머니 영조의 후궁 영빈 이씨의 묘)이었습니다. 구릉을 살려 아래쪽으로 굽은 지붕의 곡선과 위로 솟아오른 언덕 곡선의 양끝이 연결되는 구도로 연출했습니다. 자유 확장을 상징하는 동서로 뻗은 지붕은 "동양과 서양의 만남이자 고대와 현대의 만남을 융합한 결과"[3]입니다.

　루스채플에는 전통 종('평화의 종'), 편종, 석등, 청사초롱이 있습니다. 채플 내부는 유리창을 통해 하늘과 나무를 훤히 볼 수 있고, 유리창살은 한옥창살의 전통문양이며, 청·적·백의 스테인드글라스와 모자이크 외벽은 삼위일체 하나님을 상징합니다. 또 파이프오르간, 김학수 화백의 한국화풍 예수 시리즈 성화들, 예수상 조각, 서예 작품 등이 있습니다.

　연세대학교 대학교회는 1931년 4월 5일 부활절예배로 시작되었습니다. 독자 교회를 세우려 했던 연세대는 미 언론기업 헨리루스재단에서 20만 불을 기증받아 채플을 건축하여 1974년 9월에 봉헌했고 2006년 원일한홀(원일한 박사는 원두우 선교사의 손자)을 증축했습니다. 교목실장 이대성 교수의 글이 2020년 1월 『국민일보』에 '아카펠라풍의 선교'란 제목으로 실려 있습니다.

　"(전략) 교회 모델에서 채플 모델로의 전환은 유대교가 성전 중심에서 회당 중심으로 전환한 것 이상의 중요한 인식 전환이다."고 하면서 급변하는 세계의 흐름 속에서 기독교 선교를 할 때 '아카펠라 방식'(문자적으로 '채플의 방식')에 주목해야 한다고 합니다. 선교를 아카펠라풍으로 바꾸어 하나님 나라를 세우는 길이 활짝 열리면 좋겠습니다. 2020.12

상동교회

1888년 설립된 상동교회는 일제강점기에 엡윗(Epworth)청년회·
공옥학교·상동청년학원에서 교류한 안창호·신채호·주시경·
구연영·양기탁·김구·이승만·이동녕·이동휘·이준·이시영 등이
민족운동에서 핵심 역할을 했고 상동파로 불렸습니다. 1905년
을사늑약이 체결됐을 때 조약 무효 상소문을 올리고 을사오적
암살을 모의했으며, 1907년에 상동교회 청년회장 이준 열사가
헤이그 밀사로 갔습니다. 그해 상동파가 중심이 되어 항일비밀결사
신민회를 조직합니다.

    이 민족운동의 중심에 전덕기 목사가 있었습니다. 1875년 12월,
서울 정동에서 태어난 그는 9살 때 부모를 여의고 남대문에서 숯
장사를 하던 숙부집에서 기거했습니다. 거기는 빈민과 상인이
많았던 상동이었습니다. 17세 때 미국 선교사 집을 찾아가 까닭
없이 돌을 던져 유리창을 박살 내고는 대결을 불사하듯 당차게
섰습니다. 그런데 집에서 나온 시란돈(William B. Scranton, 1856-1922)
선교사의 자상한 얼굴에 당황했습니다. 선교사는 그의 어깨에 손을

서울특별시 중구
남대문로 30
1888년 설립
기독교대한감리회

없고 위로하면서 예수를 믿으라고 권했고 전덕기는 21세에 그에게 세례를 받았습니다.

　전덕기는 독립협회에서 활약했고 엡윗청년회 핵심 회원으로 활동했습니다. 그의 열정적인 노방전도는 민중들에게 인기를 끌었고, 전염병 등으로 죽어 방치된 주검을 거둬 장례를 치러 주고는 했습니다. 1907년 담임목사로 부임한 전덕기는 고종 밀서를 구해 교회 지하실에서 헤이그 밀사 파견을 계획했고, 주시경 선생을 통해 한글 보급 운동을 전개했으며, 한국YMCA 창립에 동참했습니다. 공덕교회·세검정교회·청파교회 등을 개척하기도 했습니다. 안창호·윤치호 등과 신민회를 조직해 본격적으로 민족독립운동을 추진합니다. 일제는 기독교인들이 중심에 있는 신민회를 항일민족세력 제거의 첫 대상으로 삼아, 1911년 데라우치 총독 암살을 모의했다며 '105인 사건'을 조작합니다. 전덕기 목사는 윤치호·이승훈 등과 함께 주모자로 체포됐고 모진 고문을 받았습니다. 악형으로 생긴 늑막염은 폐결핵이 되었고, 2년간 투병하다 1914년 3월 23일 별세했습니다. 장례식에 애국지사는 물론 빈민·병자·장사꾼·천민·기생 등이 몰려와 상여 행렬이 십 리(약 4km) 밖까지 이어졌다고 합니다.

　1919년 3·1운동이 일어났을 때, 민족 대표 33인 중 4인 최석모·오화영·이필주·신석구는 상동교회 출신이었습니다. 1944년 3월 교회는 폐쇄되었습니다.

　서철 담임목사 안내로 상동교회 사료관을 둘러봤습니다. 전덕기 목사의 묘비석 '故牧師全公德基紀念碑'(고목사전공덕기기념비)가 눈길을 끌었습니다. 한국 최초 민중목회자 전덕기 목사는 경기도 고양에 묻혔으나 묘지조차 두려워한 일제에 의해 유해가 화장돼 한강에 뿌려졌습니다. 석비만 남았지만 그의 고매한 신앙과 정신은 여전히 살아있습니다.

2018.03

새문안교회

원두우 선교사는 뉴욕대 졸업 후, 뉴브런즈윅신학교에서 해외 선교의 꿈을 키웠습니다. 1885년 4월 5일 부활주일, 아펜젤러와 함께 제물포항에 도착한 이후 에큐메니컬 정신으로 다른 교파 선교사들과 더불어 교회와 병원, 학교를 설립하며 제국주의적 선교를 거부하고 인문 정신과 박애 정신을 바탕으로 교육과 의료, 사전출판 그리고 민중 선교를 전개했습니다.

1887년 9월 27일, 원두우 목사 사랑채에서 한국인 14명이 첫 예배를 드리며 장로 2명을 선출함으로써 한국 최초의 조직 교회 새문안교회가 설립되었습니다. 고아들을 위해 언더우드학당이 경신학교가 됐는데 도산 안창호가 3년간 교사로 일했습니다. 또 정신여학교와 나중에 협성여자신학교(현 감리교신학대학교)가 된 영신학당을 세웠습니다. 한영사전을 편찬하고 YMCA를 창립했으며, 31년간 한국 사회 혁신에 모든 것을 바친 후 57세에 병사했습니다.

새문안교회사에서 김규식 장로, 서상륜 권서와 동생 서경조

서울특별시 종로구
새문안로 79
1887년 설립
대한예수교장로회 통합

원두우 목사 사랑채

목사는 빼놓을 수 없습니다. 독립운동가 우사 김규식은 분단을 막기 위해 좌우합작운동을 추진한 민족주의자입니다. 원두우는 고아인 그를 양아들로 키우며 공부를 주선하여 프린스턴대에서 영문학 석사학위를 받았는데, 박사학위 과정에 장학금을 주겠다는 것을 뿌리치고 독립운동하려고 귀국합니다. 우사는 원두우 목사의 비서로 일하며 YMCA에 적극적이었고, 경신학교 교사와 교감을 겸임했습니다. 신사참배 거부로 탄압받자 중국으로 망명하여 임시정부 외무총장으로 활동하다 만주에서 민족혁명당을 조직했고 임시정부 부주석이 되었습니다. 한국전쟁 때 김영주 담임목사와 함께 납북되었습니다.

서상륜 권서는 만주에서 로스 목사와 함께 최초의 한글 성서를 번역하고 권서인[勸書人](성경을 보급하러 다니던 전도자)으로 성경을 보급하며 복음 전도에 앞장섰고 소래교회를 세웠으며 새문안교회 창립 교인이 되었습니다. 동생 서경조 목사는 한국인 최초의 7인 목사 중 한 분으로 새문안교회 동사 목사로서 교회 발전에 크게 기여했습니다.

1972년 새문안교회는 창립 85주년 기념 예배당을 건축했습니다. MIT대 출신으로 고종의 손자(영친왕의 아들)인 이구는 모더니즘을 바탕으로 단순미를 강조했고, 교회 전면에 전통 무늬를 넣어 '한국적 전아한 풍취'를 보여 주었습니다. 이때의 새문안교회는 제가 처음 다닌 교회이자 신앙과 삶의 철학, 예언자적 실천을 배우고 아내를 만나게 된, 제 인생의 가장 소중한 그루터기입니다.

2018년 부활주일, 새로 건립한 새문안교회당에서 예배하며 이상학 담임목사의 설교와 변화한 교회 분위기에서 어머니교회로 회복할 꿈을 꾸었습니다. 새문안교회 대학생회가 민주화운동에 적극 참여한 역사[4]가 모델이 되어 한국 교회가 우리 사회변혁의 등불로 부활하길 기원합니다. 2018.05

1972년 건립한 새문안교회    현재 모습

서울복음교회

어느 TV프로그램에서 유시민 작가가 이렇게 말합니다.

"언제 와도 그때의 기억을 되살려 주는 공간들 중에서 건축적으로 다른 데와 조금 뚜렷이 구분되는 그런 공간들이 21세기 대한민국의 종묘다."[5]

출연진들은 종묘를 찾은 후 종로5가 한국기독교회관 내 교회협으로 갑니다. 미디어에서 교회협을 21세기의 종묘[宗廟]이고 소도[蘇塗]로 인정한 것은 참 의미심장합니다. 현재 9개 회원 교단과 CBS 등 5개 단체로 구성된 교회협은 1924년 설립된 '조선예수교연합공의회'가 모체이고 민주화운동과 민중 선교, 인권신장과 평화통일 운동으로 한국 교회의 위상을 세계적으로 드높였습니다. 교회협의 든든한 동행자인 서울복음교회는 이곳에서 가까운 종로6가에 있습니다. 1992년에 새로 건축한 소박한 벽돌 교회당입니다. 이 교단을 대표하는 역할을 한

서울특별시 종로구
율곡로 264
1935년 설립
기독교대한복음교회

조용술 목사와 오충일 목사의 뿌리는 최태용 목사입니다. 최태용 목사는 1897년 함경남도 영흥군에서 태어나 수원농림학교(현 서울대학교 농업생명과학대학) 시절 신앙생활을 시작했습니다. 연희전문학교에서 신학을 공부하고, 1921년 일본 유학 시절에 무교회주의자 우치무라 간조[內村鑑三]를 만나 제자가 되어 김교신 선생, 함석헌 선생 등과 교제합니다. 1925년 잡지 『천래지성』을 발간하여 교회 개혁과 신앙 쇄신을 주창하고, 이듬해 11월 YMCA 대강당에서 교회의 외세 의존성을 비판하며 재정적인 자립과 신학적 독자성을 추구하는 자생적인 조선적 교회 설립을 주장하는 '신앙 혁명 선언'을 발표합니다.

   다시 일본 유학 후 귀국하여 "신앙은 복음적이고 생명적이어라. 신학은 충분히 학문적이어라. 교회는 조선인 자신의 교회이어라"고 3대 표어를 주창하며, 1935년 12월 22일 기독교조선복음교회(현 기독교대한복음교회)를 창립했습니다. 한국 선교사들의 근본주의 내세적 신앙과 비정치화를 비판하고 개인과 사회의 변화와 적극적인 사회개혁을 주창했습니다. 8·15 광복 후 대한독립촉성국민회 총무부장, 국민훈련원 원장 등으로 농촌운동에 헌신하다가 한국전쟁 때 북한 공산군에 의해 순교합니다.

   서울복음교회 뒷마당에 최태용 목사 흉상과 삼대 표어가 새겨진 기념비, 그리고 '岩上小松'(암상소송)이 적힌 시비가 있습니다.

"거대한 바위 / 한 모퉁이에 / 한 움큼 되는 / 모래 위에 서 있는 너 작은 솔아 / (중략) / 네가 가진 생명 / 네가 받은 권능 / 바위틈에 내리는 / 신비한 너의 뿌리 / 점점 깊어지고 / 차차 굵어져서 / 마침내 거암을 / 무너뜨리고 말 / 정명[定命]을 가졌도다 / 아 / 위대할 거나 / 너 작은 솔아."

  - 최태용, 「암상소송」 부분 2018.06

서울주교좌성당

"건축사에 남는 걸작들은 언제나 한 시대의 빛나는 정신으로 충만해 있다."[6]

　　승효상 장로의 말대로 건축물이 시대정신을 담고 있으면 더욱 빛나는 걸작이 된다는 사실을 성공회 서울주교좌성당에서 확인합니다. 격조 높은 석조 예배당에서 한국 민주주의의 새 장을 연 6·10 민주항쟁이 출발했기 때문입니다. 1987년 정권유지에 불안해진 전두환이 4·13 호헌 조치로 공포정치를 단행하자, 5월 27일 향린교회에서 민주인사 150여 명이 '민주헌법쟁취국민운동본부' 발기인 대회를 열었고, 6월 9일 연세대 이한열 학생이 경찰 최루탄에 희생당하면서 반독재 저항이 고조되었습니다. 1987년 6월 10일, 개신교계가 앞장선 1차 국민대회는 극적으로 이루어졌습니다. 오후 5시 김성수 주교의 집례로 미리 성당에 들어온 이들이 '4·13 호헌철폐를 위한 미사'를 드린 후인 저녁 6시, 분단 42년을 끝장내자는 의미로 주임사제

서울특별시 중구
세종대로21길 15
1891년 설립
대한성공회

박종기 신부가 42번 종을 쳤습니다. 이에 맞춰 차량들이 경적을 울리며 6·10 민주항쟁이 시작되었습니다.

  서울시 문화유산인 로마네스크 양식의 성당의 화강암 외벽은 질박하면서도 무게감을 줍니다. 아름다운 성당 내부에는 열두 사도를 상징하는 화강암 열두 기둥이 우아한 아치형 천장을 받치고 있습니다. 창문 아래쪽은 한국 전통 오방색을 바탕으로 한 스테인드글라스가 있고 위쪽 창문은 한옥의 문살 모양입니다. 10여 년간 작업한 성당의 정면 중앙 황금색 모자이크 제단화는 화려하면서도 품위가 있습니다.

  한국 성공회는 1890년 고요한(Charles John Corfe) 주교가 제물포에 도착하면서 시작됩니다. 조선종고성교회[朝鮮宗古聖敎會](나중에 '대한성공회'로 개칭)는 처음에 한옥을 구입하여 '장림성당'이라고 이름하고 주일 감사 성찬례를 드리다가, 1922년 현 위치에 제3대 주교 조마가(Mark Trollope, 1862-1930)가 건축합니다. 공사비 부족으로 설계 도면대로 완성하지 못했는데 우연히 영국 어느 도서관에서 첫 설계도를 발견하여 1996년에 한국식 건축 양식을 품은 성당을 완공합니다.

  바쁜 일상에서 벗어나 여기 도심의 역사적 성소에 잠시 머문다면, 시인 네루다의 시처럼 우리와 세상이 달라지지 않을까 하는 생각이 듭니다.

  (전략) 우리 단 일 초만이라도 멈추자 / 손도 움직이지 말자.
  그렇게 하면 아주 색다른 순간이 될 것이다.
  바쁜 움직임도 엔진 소리도 정지한 가운데
  갑자기 밀려온 이 이상한 상황에서 / 우리 모두는 하나가 되리라. (후략)
  - 파블로 네루다, 「침묵 속에서」 부분[7] 2018.06

성 니콜라스 대성당

그리스도교 정통 신앙고백의 기초에 서 있다고 하여 'orthodox'라는 단어를 사용하는 동방정교회(Eastern Orthodox Church)는 1054년 로마교회와 갈라진 이후 근동과 슬라브 지역의 역사와 문화에 중요한 역할을 했습니다. 정교회는 세계에서 두 번째로 교세가 커서 2억 5,000만 명 이상의 신도들이 있습니다. 교황 같은 중앙집권적 통치권자나 기구는 없고, 콘스탄티노폴리스 세계총대주교가 대주교들 사이에서 명예상 수위권을 행사합니다. 정교회는 국가별이나 민족별로 체제가 갖추어져 느슨한 연합체를 구성하고 있으며, 가장 큰 특징은 풍부한 전례적 위엄을 갖춘 예배 의식과 이콘(성화상) 등 각종 상징물들입니다. 이콘을 '그림으로 된 말씀'으로 공경하고 있으며, 결혼한 사람도 성직자가 될 수 있지만 주교직은 독신 사제 중에서만 선출합니다.

한국정교회는 러시아정교회의 선교로 시작되었습니다. 1897년 당시 주한러시아공사 볼랴노프스키가 사제 파송을 본국에 요청했습니다. 1900년 1월 흐리산토스 쉐트콥스키 수도대사제가

서울특별시 마포구
마포대로18길 43
1906년 설립
한국정교회

들어와 예배를 인도했고, 입국 3년 만에 고종황제의 허락을 받아 서울 정동에 성인 니콜라스에게 봉헌된 소성당을 설립했습니다. 러일전쟁에서 승리한 일본이 러시아인들을 출국시키는 바람에 신부와 러시아인들이 돌아가 작은 정교회 공동체만 홀로 남게 되었습니다. 1917년 볼셰비키 혁명이 일어나 러시아정교회는 심하게 박해를 받았고, 1950년 한국전쟁에 참전한 그리스는 그리스정교회의 안드레아스 할키오플로스 수사신부를 파견하게 되고 한국정교회는 새로운 전기를 맞습니다. 1968년 마포구에 성니콜라스성당을 신축 이전했으며, 2004년 4월 소티리오스 트람바스 주교를 대교구장으로 하는 대교구청이 설립되었고, 2008년 5월 27일 암브로시오스 조그라포스(한국 이름 조성암) 대주교가 선출되어 7월 20일 착좌식을 거행했습니다. 현재 전국에 열 개의 성당과 두 개의 수도원이 있습니다.

  1948년 세계교회협의회(WCC) 창립총회에 참여한 동방정교회는 오늘날 전통 신앙을 보수하는 역할을 하고 있습니다. 한국정교회는 교회협 회원으로 2017년 겸손하고 사려 깊은 조성암 대주교가 교회협 회장으로서 국정농단 세력을 물리치고 나라다운 나라를 세우는 데 파수꾼 역할을 감당했습니다.

  마포구 아현동의 비잔틴 양식의 성니콜라스대성당은 작지만 소박하고 우아합니다. 소박함은 가난과 나눔을 강조한 정교회 교부들의 영성과 맥이 닿아 있습니다. 성탄절 산타클로스는 4세기경 터키 남서부 미라의 정교회 주교였던 성인 니콜라스(Saint Nicholas)에게서 유래했습니다. 성 니콜라스는 생전 어린이들을 위해 남몰래 선행을 많이 베풀어 어린이의 수호성인으로 널리 알려졌습니다. 한국정교회 성니콜라스대성당이 이 시대의 산타클로스가 되어 힘겹게 살아가는 이들에게 영적 보물을 풍성히 나누어 주기를 고대합니다. 2018.07

승동교회

1919년 3월 1일 오후 2시, 민족 대표 33인이 탑골공원에 나타나지 않자, 한 학생이 독립선언서를 낭독하고 시민들은 곧바로 시가행진에 나섰습니다. 만세운동을 촉발한 것은 학생들이었기 때문에 승동교회 역할은 소중합니다. 1919년 2월 20일, 승동교회 지하에서 청년면려회장 김원벽을 중심으로 경성의 각 전문학교 학생 대표 20여 명이 모여 3·1운동의 지침과 계획을 논의했습니다. 그날 승동교회가 공식적으로 참여했고, 3월 14일에는 승동교회 차상진 담임목사가 교우들과 '12인의 장서(청원서)'를 작성해 총독에게 제출한 일로 투옥됩니다.

　승동교회는 민족주의적 색채가 짙었지만, 실은 백정들을 중심으로 한 민중 교회로 출발했습니다. 완고한 신분제 사회에서 혐오를 받던 백정 박성춘이 콜레라로 쓰러졌을 때, 1893년 곤당골교회(승동교회 전신)를 세운 모삼열(Samuel F. Moore, 1860-1906) 선교사가 극진히 치료합니다. 고종 황제 주치의가 천민을 치료했으니 사람들이 놀랐고 박성춘은 곤당골교회에 출석하기

서울특별시 종로구
인사동길 7-1
1893년 설립
대한예수교장로회 합동

시작했습니다. 어느 날 양반들이 모삼열 선교사에게 앞자리를 따로 마련해 달라고 하자, 그는 이렇게 대답했습니다.

"예수 안에서는 양반과 천민의 구별이 없습니다. 교회는 신분 위세를 부리는 곳이 아닙니다."

결국 양반들은 1909년 북촌에 안동교회를 세웁니다. 1911년 승동교회 초대 장로가 된 박성춘은 계급 타파에 앞장섰고 만민공동회의 연사로 나서기도 합니다. 아들 박양서는 세브란스의학전문학교에 입학해 한인 최초로 양의사가 됐으며, 3·1운동 당시 만주 독립군 단체 대한국민회를 지원했습니다. 딸은 단재 신채호의 동생 신필호의 부인이 되었습니다.

승동교회 담임목사 곽안련(Charles Allen Clark, 1878-1961) 선교사는 몽양 여운형 선생을 조사(지금의 전도사)로 임명했고 몽양은 5년간 승동교회에서 시무했습니다. 몽양은 상동교회 전덕기 목사를 만나 민족 현실에 눈을 떴으며, 1907년 고향 양평에 예배당을 겸한 광동학교를 설립했습니다. 가나안농군학교 김용기 장로가 이 학교 출신입니다. 몽양은 평양신학교를 2년 다닌 후 신학 공부를 위해 중국에 갔다가 독립운동에 매진했습니다. 목사가 되고자 했지만 나라를 구하겠다는 일념이 너무 커 정치가가 되었다고 평가합니다. 몽양은 해방 정국에서 좌우합작을 이끌었으나 권력을 장악한 보수 정권에 의해 공산주의자로 내몰리다가 1947년 백주 테러로 최후를 맞았습니다.

승동교회 역사는 골곡이 많습니다. 1940년 4월 진보 조선신학교(현 한신대학교 신학대학원)가 개교한 곳이지만 1959년 대한예수교장로회가 통합과 합동으로 분열할 당시, 세계교회 일치를 추구하며 사회적 책임을 강조하는 세계교회협의회를 진보와 자유주의라고 공격하며 참가를 거부한 예장합동 총회가 개회한 장소이기도 합니다. 2018.03

아현교회

"예수는 가난한 사람을 세상의 중심으로 제시하셨다. 하느님
나라의 중심은 가난한 사람이 차지한다는 말씀이다. (중략) 이제
가난한 사람들이 성서의 주인공으로서 교회의 중심으로 당당히
복귀해야 한다."[8]

이 땅의 가난한 이들을 지극히 사랑한 시란돈(Mary F. B. Scranton, 1832-1909) 선교사 이름을 딴 '카페마리'(아현교회 사회봉사관)에 전시된 사진 중 대부인 장례 행렬에 대한 보고서가 압권입니다. "한국인들은 그가 만약 자기 나라에 있었더라면 왕비가 되고도 남았을 것이라고 입을 모았다. 연령과 성별과 신분을 초월하여 수천 명이 마지막 안식처인 한강 변까지 운구하는 5마일을 뒤따랐다." 시란돈 대부인이 안장된 '양화진외국인선교사묘원'은 1890년 미국 의료선교사 헤론이 사망했을 때, 조선 조정이 묘지를 요구한 미 공사관에게 과거 천주교인들의 목을 베어 처형해 '절두산'[截頭山]이란 이름을 가진 이곳 양화진을 제공한 곳입니다.

서울특별시 서대문구
신촌로 293
1888년 설립
기독교대한감리회

아펜젤러, 원두우 등 선교사와 가족 145명이 안장되어 있습니다. 시란돈 묘지에 이런 안내문이 적혀 있습니다.

"스크랜턴 대부인은 우리나라 근대 여성 교육의 선구자이다. (중략) 그녀는 자신의 집에서 성벽 주위에 버려진 아이들과 같이 가난하고 소외된 여성들을 대상으로 학당을 시작했다. (중략) 스크랜턴 대부인은 교육을 통해 학생들이 한국인임을 더욱 자랑스러워하도록 이끌었다. (중략) 조선 여성들을 향한 사랑으로 24년 동안 일한 스크랜턴 대부인은 76세 때 소천하여 양화진에 안장되었다."

의사 스크랜턴 선교사는 1885년 5월 2일, 아내 룰리 스크랜턴, 어머니 메리 스크랜턴과 함께 입국하여 서울 정동에 시병원을 세우고 가난한 환자들을 돌보며 복음을 전파했습니다. 양반들이 살던 정동은 신분이 낮은 환자들이 접근을 꺼려한다는 사실에 마음이 아팠던 스크랜턴은 성문 밖으로 그들을 찾아가기로 했습니다. 당시 애오개는 죽은 아이들을 버리던 '애고개'에서 비롯된 땅으로, 서대문 밖 서울에서 가장 비참한 곳이었습니다. 선교사는 1888년 12월 애오개 언덕에 선한사마리아병원(Good Samaritan's Hospital)을 세웠고, 이것이 아현교회의 시작이 됩니다. 아현교회는 복음의 정신에 걸맞게 가난한 이들을 돌보고 고아와 여성들을 교육하고 하나님 말씀을 나누는 일을 사명으로 여겼고, 사마리아인처럼 이웃과 나누고 사랑을 실천하는 교회로 자리 잡았습니다. 아현교회는 2008년 창립 120주년을 맞아 스크랜턴 선교사의 신앙 정신을 계승하자는 취지로 스크랜턴기념예배당을 건축했습니다. 그리고 '언덕 위의 모범 교회'라는 돌비를 세우고, 교회가 사회적 신뢰를 잃어 가는 시대에 희망이 되겠다고 다짐했습니다. 2019.06

안동교회

"사서삼경을 읽었다고 해서 모두 선비는 아니다. 아는 것을 자신의 삶 속에서 실천한 사람만이 선비로서의 자격을 얻을 수 있기 때문이다. 뱃속에 사서삼경을 넣고 천하의 사서를 수백 번 읽었다고 자처한 사람 중에서도 알량한 이익을 위해 권세를 휘두르며, 권력에 아첨하며, 나라까지 팔아먹은 자는 얼마나 많은가?"[9]

양반 고을 북촌에 안동교회를 세운 양반들은 기울어져 가는 나라의 운명을 걱정하던 선비들이었습니다. 『서유견문록』을 쓴 개화사상가 유길준의 동생 유성준은 일본유학 중 조선 선교사로 들어가려던 아펜젤러에게 한글을 가르치고 원두우의 조선행을 안내했습니다. 법학을 연구하다 일본 유학생 혁명혈약사건에 연루됐다는 혐의로 갇힌 감옥에서 이상재, 이승만 등과 만나 그리스도인이 되었습니다. 그는 외교관 박승봉과 함께 1908년 북촌에 기호학교(현 중앙고등학교)를 설립했고 1909년 두 분은

서울특별시 종로구
윤보선길 57
1909년 설립
대한예수교장로회 통합

김창재의 집을 기도처로 삼고 모여 안동교회를 시작했습니다.

기와집 한 채를 기증해 교회 건축을 도운 양반 박승봉은 "기독교가 아니면 나라를 구할 수 없다. 그리고 학교를 세워야만 백성들을 빨리 깨우칠 수 있다."고 호소했습니다. 법제국장 시절, 이준 등이 헤이그평화회의에 갈 수 있도록 주선한 일로 평북 관찰사로 좌천됐지만 이승훈을 도와 오산학교를 세웠고, 3·1운동의 배후에서 위험을 무릅쓰고 도왔습니다.

진취적인 이들은 최초로 예배당 내부에 남녀 좌석을 구분하는 휘장을 철폐했고, 사랑과 헌신으로 북촌 양반들을 복음으로 인도했습니다. 김창제 선생은 YMCA를 중심으로 기독교 문화운동을 전개했고, 이윤재 장로는 조선어학회 사건으로 옥고를 치렀습니다. 유억겸 집사는 연희전문학교 교장을 지냈고 해방 후 과도정부의 문교부장으로 헌신했습니다. 유각경 권사는 YWCA 초대 총무로 여성운동과 절제운동에서 두각을 나타냈습니다.

한석진 목사는 1907년 장로교 평양신학교 1기생 6명과 함께 목사안수를 받고 일본에서 많은 유학생을 전도했고, 1910년 안동교회 1대 담임목사로 부임하여 조선교회의 '자주, 자강'을 위해 노력했습니다. 선교사와 한국 목사가 동등한 동역자가 되어야 한다며, 마펫 선교사에게 "이제 이곳에서의 사명이 끝났으니 돌아가라."고 일갈했다고 합니다.

1976년 부임한 유경재 목사는 군사정권 시절 예언자적 설교로 그리스도인들의 역사의식을 깨우고 '새시대선교회'로 예장통합의 목회자운동을 열었고, '바른목회실천협의회' 초대 회장으로 후배 목회자들에게 건강한 목회의 가치를 각인했습니다. 2004년 조기 은퇴 후 지금도 목회자들의 사표가 되고 있습니다. 한국 교회 개혁을 위해 애쓰는 황영태 담임목사와 안동교회가 교회 설립 양반들의 선비정신을 이어받아 계속 전진하길 소망합니다. 2019.05

여의도순복음교회

여의도순복음교회 조용기 목사만큼 교회와 사회에서 큰 논란을 일으킨 목회자도 없고 평가도 엇갈립니다. 조 목사가 문제 인물로 부각된 시점은 박정희 대통령 삼선개헌 논란이 한창이던 1969년 9월에 그를 지지하는 성명을 발표하면서부터입니다. 조용기 목사 이단 사이비 시비는 기독교대한하나님의성회(이하 '기하성')의 교세가 100만 명을 넘어서고 여의도순복음교회가 비약적으로 성장하자 달라집니다. 많은 교역자들이 소속 총회의 신학 전통과 다른 오순절 성령 운동을 수용하고 예배와 교역을 모방하면서 번영신학과 성공주의 신앙이 대세로 자리 잡게 됩니다. 그러자 예장통합은 그를 이단 사이비 목록에서 해제했고 교회협 김동완 총무 시절 1996년, 기하성을 회원 교단으로 받아들였습니다. 조 목사를 둘러싼 논란은 재산문제, 비리, 여성 편력, 『국민일보』 사유화 등으로 증폭되었는데, 배임 등 혐의로 2017년에 징역 3년에 집행유예 5년 확정판결을 받았습니다. 이에 미국의 유명한 복음주의 설교자 존 파이퍼(John Piper)도 "조용기 목사가

서울특별시 영등포구
국회대로76길 15
1958년 설립
기독교대한하나님의성회

그리스도를 욕되게 했다."고 비판했습니다.

1914년 미국 하나님의교회(Church of God in Christ)에서 인종 문제로 분립한 백인들이 세운 하나님의성회의 가장 큰 특징은 성령 세례를 강조하고 방언을 비롯한 각종 성령의 능력을 간구하며 열정적이고 체험적인 신앙을 추구하는 것입니다. 1953년에 출범한 기하성은 미국 하나님의성회의 인적·물적 지원으로 급속히 발전했고 여의도순복음교회가 세계 최대 규모 교회로 성장하면서 오순절 운동은 한국 교회에 큰 영향을 끼쳤습니다.

여의도순복음교회는 1958년 5월 조용기 전도사와 장모 최자실 전도사가 서울 은평구 대조동의 최 전도사 집에서 창립 예배를 하면서 시작되었습니다. 1961년 10월 서대문에 교회(순복음부흥회관)를 세웠는데, 교인이 폭발적으로 늘어나 수용할 수 없게 되자 1973년 8월에 현재의 여의도 예배당에서 첫 예배를 드렸습니다. 해방 후 혼란, 분단과 군사독재, 급속한 경제개발과 소외가 빚어낸 불안, 경제적 불평등으로 발생한 박탈감과 물질만능 가치관에서 형성되어, 현세적이고 물질적인 성공주의 신앙관인 기복신앙은 개교회주의, 물량적 성장주의, 번영신학을 낳았습니다.

이영훈 담임목사는 2008년 5월에 여의도순복음교회 제2대 담임목사로 부임하여 여러 지교회들을 독립시켰고, 재정 투명성을 확보하는 한편 통일·사회복지·교육 등의 분야에서 적극적으로 사회선교를 감당하고 있습니다. 교회협 회장과 한기총 대표회장을 역임하고, 2018년부터 기하성 대표총회장으로 취임했고 한국교회총연합 공동대표를 지냈습니다.

여의도순복음교회 교인들이 새길로 나아가는 이영훈 목사와 적극 동행하여 기복신앙을 넘어 일상의 성화로 살아가는 온전한 신앙인이 되고, 이 땅에 하나님 나라를 이루는 사역에 헌신하길 바랍니다. 2020.04

연동교회

2019년 9월의 예장통합 총회가 명성교회의 불법세습을 용인하는 수습안을 결의한 것에 대하여, 김주용 목사는 이는 예수 정신이 아니라는 설교에서, 교회 설립자 기일(James S. Gale, 1863-1937) 선교사를 닮고 싶다고 했습니다.

1863년 기일은 부흥사 무디(Moody)의 영향으로 선교를 결심해 캐나다 파송 조선 첫 선교사로 1888년 12월 부산에 도착했습니다. 40년간 한국에서 일하면서 한글 발전에 크게 기여하여 성서 번역에 참여하고 우리말 문법서와 최초의 한영사전을 간행했으며, 『한국인의 역사』 등 영문서적을 출판하고 『천로역정』을 번역했습니다. 또 유일하고 영원하신 '하나님' 개념을 세워, 기독교가 한국에 정착하는 데 크게 기여했다고 평가받습니다.

양반 세력에 의해 400년 넘게 잠들어 있던 한글이 기일 목사에 의해 깨어났습니다. 그는 1903년 YMCA 초대 회장으로 교회의 사회참여 토대를 놓았고, 정신여고 설립과 발전에 기여했습니다. 특히 '하나님 앞에서 모두가 평등하다'는 목회 철학으로

서울특별시 종로구
김상옥로 37
1894년 설립
대한예수교장로회 통합

갖바치(가죽신을 만드는 장인을 천시하던 명칭) 출신 고찬익과 이명혁을 장로로 세우고, 이어 광대 출신 임공진을 장로로 추진하자, 양반 교인들이 반발하여 1910년 묘동교회를 설립하는 사건이 일어났습니다. 연동교회는 1907년 이준 선생을 만국평화회의에 보냈고, 1919년 3·1운동 때 최남선·이상재·함태영·김필례 등 민족 지도자들의 독립운동 온상지였습니다. 기일 목사는 1928년 40년간의 선교 사역을 마치고 영국에서 시간을 보내다 1937년 74세로 생을 마쳤습니다.

　기일 선교사는 1900년 연못골교회(연동교회 전신) 초대목사로 27년간 시무했습니다. 길게 사역한 전통이 이어져 130년 연륜의 연동교회에 7명 담임목사만 부임했습니다. 김형태 목사는 생전에 이런 전통을 "연동교회 교인들이 품위가 있어서 그렇게 된 것입니다."라고 말했습니다.

　김형태 목사는 연세대 신학대학 교수로 재직하다가 1967년 연동교회 5대 담임목사로 부임했습니다. 독립운동가 김영옥 목사 손자답게 역사의식이 뚜렷해, 1975년 군사독재에 항거하는 전국성직자단 대표로 활동했습니다. 또한 에큐메니컬 운동에 앞장서 한국기독학생회총연맹(KSCF) 총무, 세계교회협의회 중앙위원, 교회협 부회장을 지냈습니다. 총회장이던 1988년 2월에 교회협 통일위원장으로서 '민족의 통일과 평화에 대한 한국 기독교회 선언'(88선언)을 울먹이며 발표했는데, 이 일로 예장통합의 일각에서 비난받기도 했습니다.

　1990년 부임하여 원로목사가 된 이성희 목사의 부친 이상근 목사가 대구제일교회에서 시무하면서 총회장을 지냈으니 부자가 총회장을 한 셈입니다. 이제 김주용 담임목사에게 연동의 아름다운 예언자적 전통이 이어지고 있다는 생각이 듭니다. 2019.10

영등포산업선교회와 성문밖교회

서울특별시 영등포구
버드나루로23길 24
1958년 설립
(성문밖교회는 1974년)
대한예수교장로회 통합

민중신학자 서남동 교수에 의하면 영등포산업선교(이하 '영산')는 새로운 교회입니다.[10] 민중신학자 권진관 성공회대 명예교수는 저서에서 산업선교가 민중신학의 태동에 큰 영향을 끼쳤다고 썼습니다.[11] 서울대 김병연 교수는 산업선교가 1980년대 한국 교회 급성장의 토대가 되었다고 평가합니다. 1958년 예장통합 경기노회가 한국 최대 경공업 단지 영등포에 세운 우리나라 첫 산업선교회로써 노동자들의 보금자리였고 민주 노동운동의 튼실한 기초를 놓았습니다. 더구나 노동문제를 교회와 사회에 알리는 가교 역할을 했고 세계 교회가 민주화운동을 지지하는 데 지대하게 공헌했습니다. 그런데 한국노동운동사에서는 산업선교가 민주 노동운동의 산실이었음을 애써 외면하고 있다는 점에서, "산업선교는 대한민국 정부 수립 이후 근대화 과정에서 발생하는 사회구조적 문제에 가장 먼저 눈뜨고 장기간에 걸쳐 조직적으로 준비하고 대항한 유일한 운동이자 운동체였다."라고 기술한 장숙경 박사의 책은 주목할 가치가 있습니다.[12]

군사독재정권의 주요 탄압 도구는 용공화 공작으로 전두환 정권에서 극에 달했습니다. 안기부·보안사·치안본부 등 공안기구 감시망은 더욱 촘촘해졌고, 노동자 회원들을 블랙리스트에 올려 취업을 막는 한편, 합동수사본부는 산업선교와 민주노조 노동자들을 삼청교육대로 보내거나 해고했습니다. 신군부가 설치한 국가보위입법회의는 산업선교의 노동문제 개입을 차단하기 위해 1980년 12월 노동관계법을 대폭 개정하고 '제3자개입금지조항'을 신설했습니다. 또 "도산(도시산업선교회都市産業宣敎會)이 들어가면 도산[倒産]한다"는 관제 데모를 조직했고 빨갱이로 낙인찍는 책자를 무차별 살포하는 등 왜곡 선전으로 산업선교에 대한 그릇된 시각을 갖게 했습니다. 더구나 군사정권의 회유와 압력을 받은 일부 교계 인사들이 깊은 상처를 주었습니다.

이런 상황에서 조지송·인명진 목사, 실무자·노동자들은 연행·수배·구속·해고를 당하며 극심한 고초를 겪었습니다. 다행히 이정학 목사 등 산업선교위원들은 갖은 압력을 받으면서도 튼실한 방어막이 되어 주었고, 선교사를 파송하며 긴밀하게 협력해 온 호주 교회를 비롯해 독일 교회, 세계교회협의회 등의 지지와 연대, 지원이 견고한 울타리가 됐습니다.

뒤늦게 역사적 가치를 깨달은 예장통합이 영산회관을 총회 역사유적지 제8호로 지정했고, 민주화운동기념사업회(함세웅 이사장)도 민주화운동에 기여한 점을 인정해, 2010년 11월 25일 역사유적지지정 감사예식 및 민주화운동 기념비 제막식을 가졌습니다. 산업선교회 중 유일하게 남은 영산은 지금도 많은 활동을 하고 있습니다.

민중교회의 가능성을 연 성문밖교회는 영산이 1974년에 세운 신앙 공동체로 산업선교와 한 몸입니다. '엑소더스'라는 노동자 소그룹의 주일 오후 기도 모임이 그루터기가 돼 '노동교회'라는 이름으로 교회가 되었고, 1983년 '성문밖교회'로 이름을 바꿨습니다. 예배는

연극, 노래극, 대화식 설교 등으로 새롭게 드렸고, 많은 지식인들의 참여도 이뤄졌습니다. 직접 펜으로 작업한 12~16쪽 분량의 『성문밖교회 주보』는 노동 현실과 노동운동 소식을 전하는 잡지가 되어 매주 300여 부씩 발송했습니다.

2020년에 다시 총무를 맡은 손은정 목사와 성문밖교회 김희룡 목사는 새로운 노동 사회를 위해 실무자들과 교우들, 노동자들과 함께 더욱 힘차게 전진할 것입니다. 2021.03

정동제일교회

"(전략) 1913년 어느 여름 주일날, 나는 형직과 덕순과 함께 숲으로 기도를 하러 갔다. 그때 형직이 한 가지 제안을 했다. 혈서를 쓰자는 것이었다. 천 위에는 커다랗게 '대한 독립'이라는 글과 '김형직'이라는 이름이 붉게 아로새겨졌다. 그가 서명을 마치자 덕순과 나도 이어서 칼을 잡았다. 그리고 그와 똑같이 손가락을 베었다. (중략) 우리는 기도를 하면서 우리의 인생 전부를 하나님과 조국에게 바치겠다고 약속했다."[13]

삼애 정신(하나님 사랑, 농촌 사랑, 일 사랑)으로 독립운동과 농촌개발운동을 전개했던 배민수 목사(1896-1968)는 일제강점기 '조선국민회'에서 김일성 주석의 부친 김형직과 같이 활동했습니다. 김형직은 김일성에게 "어머니를 모시고 손정도 목사를 찾아가라."고 유언을 남겼습니다.

손정도 목사는 정동제일교회를 크게 부흥시켰지만 3년 만에 담임목사직을 사임하고 상해임시정부 의정원 의장을 지낸 후,

서울특별시 중구 정동길 46
1885년 설립
기독교대한감리회

만주 길림성에서 교회를 세우고 동포들을 돌보던 중, 1926년 김일성이 찾아오자 세례를 베풀고 친자식처럼 챙겼습니다. 김일성이 만주 군벌에 의해 옥살이를 할 때 애써 석방시킨 까닭에 김일성은 회고록 『세기와 더불어』에 손 목사를 "민족을 위해 헌신한 애국가, 생명의 은인"이라고 적었습니다. 외할아버지 강돈욱 목사는 평양 칠골교회와 창덕교회에서 시무했고, 어머니 강반석의 오빠 강진석도 장로교 목사였고, 친척(강돈욱 목사 육촌동생) 강량욱 목사는 조선그리스도교연맹 위원장을 지냈고 지금도 대를 이어가고 있습니다.

정동제일교회는 서울 정동길에 운치 있게 서 있습니다. 1979년 선교 100주년 기념으로 건축한 교회와 어우러진 벧엘예배당은 1897년에 건립된 한국 최초의 고딕 양식으로 아담하고 고풍스럽습니다. 1885년 부활절, 인천에 도착한 아펜젤러 선교사는 배재학당을 설립한 후 1887년에 정동제일교회를 세웠고, 성경 번역사업을 주도했으며 독립운동에 관심이 컸습니다. 1902년 6월, 인천에서 출발하여 목포로 가던 배가 어청도에서 다른 배와 충돌하여 침몰할 때 조선여학생을 구하려다 44세로 익사했습니다.

첫 한국인 담임목사였던 제4대 최병헌 목사는 이웃 종교를 연구하고 대화를 시도한 첫 신학자로서 토착화신학으로 한국감리교 신학의 기초를 놓았습니다. YMCA를 지도하며 애국계몽운동에 힘썼는데 민주사회와 평등·인권에 대한 연설은 큰 인기였다고 합니다. 제5대 담임 현순 목사는 상해임시정부 수립에 참여했고 하와이로 가서 동포들을 돌보았습니다. 1919년 이필주 담임목사와 박동완 장로도 3·1운동 33인으로서 옥고를 치렀고, 많은 교인들이 만세운동에 참여하여 핍박을 받았습니다. 유관순 열사도 손정도 목사에게 감화받아 민족운동에 나섰습니다. 해방 후 11월, 여기서 애국지사 환영회를 열었는데 김규식·김구·이승만 등이 참석했습니다. 2018.04

종교교회

종교교회가 '宗敎敎會'가 아닌 橋(다리 교)를 넣어 '宗橋敎會'라고 쓴 것은 광화문 근처에 종침교[琮琛橋]라는 다리가 있었던 까닭에 宗(마루 종)을 사용해 '宗橋敎會'라고 교회명을 쓴 것입니다. 교회 앞 돌비에 "하나님과 교회의 머리[宗]가 되시는 그리스도를 섬기며, 성령의 하나 되게 하시는 능력에 힘입어 하늘과 땅, 동과 서, 너와 나를 이어 주는 다리[橋]가 되기를 원하는 처음 교인들의 신앙과 선교 의지를 반영한 것이다."고 새겨져 있습니다.

  종교교회는 윤치호 선생 요청에 따라, 1887년 미국 남감리교가 한국 최초 여선교사로 파송한 캠벨(Josephine E. P. Campbell, 1852-1920) 선교사에 의해 1900년 4월 15일 설립했습니다.

민권운동가·외교관·언론인·교육자·정치인·기독교 운동가 등 이력이 화려한 윤치호는 1885년 1월 상하이로 망명하여 중서서원에서 공부할 때 기독신앙을 가졌습니다. 미국 밴더빌트대학과 에모리대학에서 유학한 후, 중서서원에서 영어를 가르치다 귀국 후 『독립신문』을 발행했고, 만민공동회 지도자로서

서울특별시 종로구
사직로8길 48
1900년 설립
기독교대한감리회

민권계몽 활동을 했고 독립협회를 이끌었습니다. 독립협회 실패 후 실력양성론을 주장하더니 관직에 투신해 외무부협판 등을 지냈습니다. 한영서원과 대성학교 교장으로 일하다 1911년 105인 사건으로 투옥됩니다. YMCA와 조선체육회 회장, 연희전문학교 교장으로 활동했는데, 1937년 중일전쟁 이후 친일에 나서 시국강연회에 연사로 자주 나가고 황군 위문금과 국방헌금을 냈습니다. 친일 조선기독교연합회 회장이 되었고, 1942년 징병제가 결정되자 참여를 촉구했습니다. 창씨개명하고 1944년 국민총력조선연맹과 국민동원총진회 고문으로 위촉됐습니다. 1945년 2월 대화동맹[大和同盟] 위원장을 맡았고 일본제국의회 귀족원 칙선의원에 임명됐습니다. 1945년 12월 6일 76세로 사망했습니다.

『좌옹 윤치호 평전』[14] 중 일기를 유심히 살폈지만 친일에 대한 고뇌는 없었습니다. 1919년 1월, 최남선이 3·1운동 참여를 권유했지만 침묵했다니, 실력이 모자라니 반일은 철없는 짓이라고 생각한 것일까, 최고 엘리트로서 독립 가능성을 머리로만 계산한 것일까? 참된 신앙인이라면 성공 여부와 관계없이 비전을 품고 헌신했을 텐데, 아쉽게도 성찰하며 기도하는 종교인다운 면모가 보이지 않았습니다.

교회는 민족 대표 33인 중 한 사람인 오화영 담임목사가 투옥되자 교인들은 기도하며 기다렸고, 3년 2개월 만에 출소했을 때 환영하며 받아들였습니다. 한국전쟁 때 양주삼 목사와 김희운 목사가 납북됐습니다. 나원용 목사 등이 시무하면서 감리교의 중심이 되었고 민족운동과 사회운동의 산실이라는 자부심이 있습니다.

최이우 담임목사는 조용하지만 열정이 넘치는 분인데, 다리가 되려 한 종교교회 설립 뜻대로 약한 이들과 그리스도인들에게 위로와 희망의 다리가 되길 바랍니다. 2019.09

중앙루터교회

서울특별시 용산구
소월로2길 21-11
1967년 설립
기독교한국루터회

'목회자 기독교 고전 읽기'에서 루터 책을 공부할 때 독일에서 루터를 전공한 최주훈 목사는 루터의 종교개혁 3대 논문(「독일 그리스도인 귀족에게 고함」, 「교회의 바빌론 포로에 대한 서주」, 「그리스도의 자유」)을 발제하였습니다. 루터는 "모든 그리스도인들이 진정으로 영적 신분에 속하며 그들 가운데는 직무상 구별 외에는 아무 차이도 없기 때문입니다."라고 '만인사제직'을 선언하여 성직자와 평신도 차별을 철폐하고 모든 그리스도인은 성경을 읽고 해석할 수 있는 권리가 있다고 주창했습니다. 이웃을 섬기고 세상을 건강하게 만드는 직업이 성직이라는 루터의 '직업 소명론'은 거룩의 영역을 일상과 노동의 현장으로 확장해 세속 직업에 영적 의미를 부여한 것입니다. 이는 "그리스도인은 자기 안에 살지 않고, 그리스도 안에서 그리고 이웃 안에서 산다. 그렇지 않으면 그리스도인이 아니다."라는 그리스도인의 정체성으로 이어진다고 합니다.

또 종교개혁운동의 도화선이 된 '95개조 반박문'의 핵심은

1조에 있다고 하며, 루터가 "우리의 주요 선생이신 그리스도 예수께서 '회개하라' 명하실 때, 그 회개는 우리의 전 삶이 돌아서는 것이다."고 성서를 해석한 것이 보속 개념과 연옥을 만든 교리시스템을 흔들었다고 했습니다. 라틴어 성경 『불가타』는 마태복음 4장 17절을 "죗값을 치르라. 천국이 가까웠다."로 번역하고, 교회는 보속 교리를 만들고 재산을 불리고 기득권을 수성했기 때문입니다.

우리나라에서는 루터교회가 매우 드물고(49개) 생소하지만, 루터교인은 전 세계에 약 8,700만 명이 있습니다. 장로교인 5,000만 명보다 많고, 에큐메니컬운동에서 중심을 잡고 있으며 기독교한국루터회는 교회협에 가맹하여 활동 중입니다.

독일인 방문선교사 귀츨라프(Karl Friedrich August Gutzlaff, 1803-1851)가 1832년, 충남 보령시 고대도에 들러 한문 성경과 전도지를 돌리고 감자와 포도나무 재배법을 가르쳐 주면서 루터교가 소개되었고, 미국루터교회의 미주리시노드(Missouri Synod)가 1958년 1월, 박덕인(Paul Bartling), 지원용 등 4명의 선교사를 한국에 파송하면서 한국루터교회가 시작됩니다. 미국 루터교회 선교사들은 '교회를 섬기는 교회'라는 정책으로 '루터란아워'로 방송 선교와 통신 강좌를 진행하고, 컨콜디아사 출판사로 문서 선교를 했고, 베델성서로 성경 공부를 보급하며 한국 교회에 자양분을 제공했습니다. 첫 루터교회는 1959년 서울YMCA 회의실에서 시작한 임마누엘교회(도봉교회)이고 중앙루터교회는 1967년 1월, '삼위일체교회'라는 이름으로 박덕인 선교사를 담임목사로 하여 창립했습니다. 2010년 5대 담임목사로 최주훈 준목이 청빙되어 모범적으로 사역하는 까닭에, 중앙루터교회는 자존심이 무너지고 상처 입은 이 땅의 그리스도인들에게 희망의 그루터기가 되고 있습니다.

2019.07

중앙성결교회

안데스 산맥의 만년설산 / 가장 높은 곳에 사는 /
께로족 마을을 찾아가는 길에
희박한 공기는 열 걸음만 걸어도 숨이 차고 / 발길에 떨어지는
돌들이 아찔한 벼랑을 구르며 / 태초의 정적을 깨뜨리는
칠흑 같은 밤의 고원 / 어둠이 이토록 무겁고 두텁고 무서운
것이었던가 / 추위와 탈진으로 주저앉아 죽음의 공포가 엄습할 때
신기루인가 / 멀리 만년설 봉우리 사이로 / 희미한 불빛 하나
산 것이다
어둠 속에서 길을 잃은 우리를 부르는 / 께로족 청년의 호롱불
하나
이렇게 어둠이 크고 깊은 설산의 밤일지라도 / 빛은 저 작고
희미한 등불 하나로 충분했다. (후략)
- 박노해 시,「그러니 그대 사라지지 말아라」부분

서울특별시 종로구 충신길 22
1907년 설립
기독교대한성결교회

박노해 시인은 무기징역 7년여 만에 김대중 대통령의

특별사면으로 석방되었고, 민주화운동 유공자로 복권됐습니다. 지금은 생명·평화·나눔 운동을 전개하며 사진전을 하고 시를 쓰고 있습니다. 박노해 시인 일행이 안데스산맥에서 조난당해 생명이 위태로울 때, 그들을 구한 것은 어둡고 추운 밤에 마을 청년이 들고 있었던 호롱불 하나였습니다.

중앙성결교회는 2017년 9월 호롱불 십자가 종탑 봉헌식을 열었습니다. 높이 6.4m, 폭 2.4m의 LED 조명이 부착된 호롱불 십자가 종탑은 복음으로 한국 사회를 밝히겠다는 의지이고, 성결교의 상징인 사중 복음을 드러내기 위해 '빨간색-흰색-초록색-파란색'으로 색깔이 바뀌고, 종이 달려 수요일과 주일날 예배 30분 전 7번씩 울린다고 합니다.

한국인에 의해 자생적으로 출발한 성결교회는 중생·성결·신유·재림의 사중 복음을 강조하는 교단으로, 특히 중생 이후 차원 높은 성결을 추구해야 한다고 믿습니다. 중앙성결교회는 예수교대한성결교회에서 1974년 다시 기독교대한성결교회로 복귀한 성결교회의 어머니교회입니다. 정빈 목사가 초대 목회자였습니다. 조선총독부는 1943년 12월 성결교회가 믿는 그리스도의 재림이 천황 중심의 국체명징[國體明徵]과 맞지 않다는 이유로 성결교회를 강제 해산했습니다. 교역자 200여 명과 평신도 지도자 100여 명을 투옥하고 교회를 폐쇄했습니다. 성결교회 창립 70주년을 맞이해 1977년 총회기념관을 짓게 되자 중앙성결교회는 무교동 건물을 매각하고 동대문 옆으로 옮겼습니다.

중앙성결교회의 주목받는 담임목사로는 이성봉 목사와 이만신 목사가 있습니다. 16년 전 교회는 담임목사 문제로 내홍을 겪었고, 사태가 정리되면서 2004년 서울신대 한기채 교수가 담임목사로 부임했습니다. 한기채 목사는 부임 설교에서 용서와 화해를 강조했고 '사람을 세우고 세상을 구하는 교회'라는 모토로 '총체적인 돌봄 목회'를 수행해 나갈 것이라고 천명했습니다. 2019.10

청파교회

『평화의 길 생명의 길 - 청파교회 100년사』 발간사에서 김기석 목사는 "교회가 교회되기 위해서는 모범이 되는 교회(text-church)가 필요합니다. 저는 이것이 우리 교회에 주시는 소명이라 여겨집니다."[15] 라고 했는데, 오늘날 이 바람이 이뤄지는 것을 목격합니다.

청파교회의 뿌리는 '연화봉교회'와 '용산교회'입니다. 1907년 상동교회가 청파 지역에 기도처를 세웠고, 양우로더(1877-1943) 전도부인은 전덕기·이필주 목사의 도움으로 이듬해 '연화봉교회'를 설립했습니다. '용산교회'는 미 남감리회 전도운동의 결실로 1929년 원익상 목사와 김세라 전도부인이 설립했습니다. 1930년 미감리회와 남감리회가 연합해 '기독교조선감리회'를 창립하자, 두 교회는 하나되어 1937년 12월 '청엽정교회'가 탄생했고 해방 후 새 예배당을 마련하고 '청파교회'로 바꿉니다.

1970년에 부임한 박정오 담임목사의 민주적 운영과 개혁,

서울특별시 용산구
청파로 259
1908년 설립
기독교대한감리회

참신한 설교로 발전했습니다. 교회 표어 '언제나 어디서나 그리스도인'은 청파교회의 상징이 됐습니다. 청파교회에서 1981년에 전도사였던 김기석 목사는 1990년 부목사로 사역하다가 1997년 담임목사가 되었습니다. 교회 홈페이지에 신앙적 가치들이 담겨 있고 울림을 주는 구절이 있습니다. "우리는 아직 이런 목표를 온전히 이루지 못했습니다. 앞으로 가야 할 길이 더 멀다고 할 수 있습니다. 하지만 우리는 날마다 새로워질 것입니다. 이 멋진 영적 순례에 동참하신 것을 진심으로 축하합니다."

'2020년 목회보고서'는 청파교회의 지향이 어떻게 성취되는지 보여줍니다. 김 목사는 '목회서신'에서 코로나19가 신앙생활에 큰 도전이 되었지만 교우들이 '언제나 어디서나 그리스도인'이란 표어대로 살고 있다며 감사와 신뢰를 보냅니다. 어려움에 처한 미자립 교회에 상당히 많은 예산을 사용했다고 밝히고, 갈등과 투쟁이 난무하는 사회에서 교회가 혐오와 배제, 분열의 씨가 된 현실에 개탄하며 새로운 교회 운동의 필요성을 제기합니다.

청파교회는 교회·단체와 약한 이들에게 든든히 기댈 언덕입니다. 많은 교회·기관·단체와 '비전교회(미자립 교회)'를 지원하며 사회봉사부와 장학회 활동도 활발하고 '청파햇빛발전소' 수익금 전액을 미자립 교회 지원에 사용합니다. 코로나 재앙이 시작된 2020년에도 새로 등록한 교우 136명은 진정한 교회를 찾는 이들이 많다는 증거입니다.

김기석 목사가 신앙과 교회가 흔들리는 시대에 중심추가 되고 있음은 문학과 고전, 성경과 인문학을 탁월하게 녹여내는 설교와 강연(CBS 〈잘 믿고 잘 사는 방법〉 등)이 SNS에서 엄청난 조회수를 기록하고 있는 데서 알 수 있습니다. 더 참혹해진 시대에 더 많은 교회들이 청파교회처럼 사회와 사람에게 기쁨과 소망을 전달하길 소망합니다. 2021.04

한성교회

서울 정동길에 있는 한성교회 표지판에 '여한중화기독교
한성교회'(旅韓中華基督敎 漢城敎會)라고 적혀 있어 착잡했습니다.
'旅'는 '나그네'란 뜻이니, 1912년 설립하여 100년이 훌쩍
지났는데도 중국인교회 교우들은 스스로 여행객과 같은 신세라고
느끼는 게 아닌가! 문득 정현종 시인의 「방문객」이란 시가
떠올랐습니다.

    사람이 온다는 건 / 사실은 어마어마한 일이다.
    그는 / 그의 과거와 / 현재의 / 그리고 /
    그의 미래와 함께 오기 때문이다.
    한 사람의 일생이 오기 때문이다. (후략)
    - 정현종, 「방문객」 부분

서울특별시 중구 정동길 8
1912년 설립
여한중화기독교

타인을 환대하면 자신이 풍요해지는데도 이를 거부하고
차별하는 이들이 많아지면 결국 모두 불안하게 살 수밖에

없습니다. 19세기 말 개항 후 인천 등에 들어온 중국 노동자들로 화교가 형성됐고, 1992년 한중 수교 이후 중국인 여행객과 유학생, 이주 노동자들이 많아져 화교 사회가 활기를 띠고 있습니다.

 한성교회는 기독교 신앙을 버리지 않으면 산 채로 매장하겠다는 아버지를 피하여 조선으로 도망친 산둥성 출신 한의사 처따오신(차도심)에게서 싹이 텄습니다. 그는 한국에서 선교활동을 하던 도이경(Charles S. Deming, 1876-1938) 선교사를 만났고, 두 사람이 1912년 YMCA에서 예배하는 것으로 첫 화교교회가 시작되었습니다. 도이경 선교사의 모금으로 1919년 화교들은 서소문에 예배처소를 마련하였고 전국에 화교교회가 설립됩니다. 1937년 중일전쟁으로 교회 운영이 불가능하게 되었고, 6·25 한국전쟁으로 화교 대부분이 서울을 떠났습니다. 하지만 도부용(Helen McClain) 선교사가 해외 모금을 하여 1960년 예배당을 완공하여 한성교회는 다시 자리를 잡았습니다.

 화교 교회사에서 왕공온 장로를 주목합니다. 왕공온은 1918년 서울에서 열린 중국인 대상 부흥집회에서 기독교로 귀의하여 조선중화기독교회 경성교회 교인이 되어 세례를 받은 인물입니다. 그가 1920년 설립한 복음건축창은 5년 만에 건축 업계 1위에 오를 정도였는데 조선중화기독교회의 자립을 원한 도이경 선교사가 적극 추천하고 선교사들이 호응한 결과였습니다. 그는 화교교회의 토지와 건물 매입에 상당액을 부담했고 사회구제 활동에도 적극 동참합니다. 이화여자대학교 프라이스홀과 음악당, 대강당 그리고 러시아총영사관은 왕 장로가 시공한 대표적 건물입니다.

 현재 전국에 일곱 화교 교회가 있습니다. 한성교회가 한국 교회와 연대하여 중국 교회와 더불어 동북아의 새로운 미래를 열어가길 기도하며 햇살 가득한 예배당에서 나왔습니다.

2018.09

2부

경기도와 강원도

간성교회

가장 춥다는 2018년 12월 8일, 강원도 고성군 간성에 갔습니다. 그날은 남북철도공동조사단이 동해선 철도 북측 구간을 조사하는 날로, 금강산역~두만강역 구간 약 800km를 살펴본다는 보도가 있었습니다. 1937년 연결한 안변~양양 동해 북부선은 지역 주민과 금강산 등을 찾는 관광객의 이용이 많았다고 합니다. 하루 4차례 운행했던 열차는 원산으로 유학하는 학생들 통학 수단으로도 활용됐으며, 경성(서울)으로 가는 가장 빠른 길이었다고 합니다. 6·25 전쟁 중 대규모 폭격으로 양양역사와 철로가 완전히 파괴돼 역사 속으로 사라졌습니다. 동해선이 온전히 연결되면 간성 같은 도시가 살아나고, 남북 평화의 기초가 튼실해질 것입니다.

    간성교회는 간성읍이 잘 보이는 양지바른 언덕 위에 운치 있는 적송과 어우러져 아름답게 서 있었습니다. 영동 지역 첫 교회로, 1901년 하리영(Robert A. Hardie, 1865-1949) 선교사에 의해 현 간성초등학교 자리에서 시작됐습니다. 그는 캐나다 토론토대학 의과대학을 졸업하고 파송을 받아 1890년 입국합니다. 처음에는

강원도 고성군 간성읍
간성로67번길 15-9
1901년 설립
기독교대한감리회

제중원에서 2년 동안 근무하다가 원산에서 시약소를 운영하며 영덕에서 원주에 이르는 여러 곳에서 환자들을 치료했습니다. 미남감리회에서 목사안수를 받고, 원산 이남 지역에 파송받아 의료사역과 함께 강원도 순회 전도사역에 힘썼습니다. 그런데 원산기도회 강연을 준비하다가 성령체험을 하게 됐습니다. 그는 자기 죄를 통회했고 이것이 연합기도회에 참석한 이들에게 이어져 '1903년 원산 대부흥 운동'이 시작됐습니다. 이는 한국 교회 부흥을 촉발한 '1907년 평양 대부흥 운동'으로 발전했습니다.

   부흥 운동의 주요인물이 된 하리영 선교사는 원산을 중심으로 강원도 동해안 7번 국도를 따라 복음을 전했고 '하디 벨트'가 형성돼 1901년 강릉중앙교회·고성교회·간성교회·양양교회가 세워졌습니다. 1939년 일제는 간성교회를 강제 폐쇄했고, 해방 후 간성이 북한에 속해 핍박을 받자 교인들은 교회문을 닫고 개인 집에서 예배했습니다. 1953년 10월 수복돼 교회문을 열었을 때, 당시 제15사단장이 돌집교회를 지어 헌당해 간성교회 교인들에게 넘겨줬습니다. 1954년 2월 초대 노영태 목사가 1960년까지 교회를 이끌며 교회가 발전하게 됩니다.

"교회 창립 1901. 7. 17. / 불꽃의 사람 로버트 하디 세움 / 선교사의 눈물과 열정으로 세워진 영동 첫 교회"

   2016년 새로 지은 교회 앞에 서 있는, '하나님은 사랑이시라'는 글귀가 새겨진 돌비 뒤에 적힌 글입니다. 117년간 고난에 찬 분단 역사를 지켜본 간성교회는, 남북이 더불어 살고 북으로 가는 문이 열리면 '하디 벨트'를 따라 원산으로 올라가 선교할 꿈을 꾸고 있습니다.
2018.12

강화중앙교회

인천광역시 강화군 강화읍
청하동길 36
1900년 설립
기독교대한감리회

　강화도의 기독교인 비율이 31%나 되는 것은 신실했던 평신도들의 영향 때문입니다.

　1902년 강화도 진위대장으로 부임한 이동휘 선생은 대한제국 군부에 대한 회의와 깊은 좌절로 지휘관직을 사임하고 민족해방의 방편으로 기독교 신앙을 받아들였습니다. 잠두교회(강화중앙교회 전신)에 재산을 헌납하고, 민족운동 지도자 양성과 민중교육을 위해 1904년 보창학교를 비롯 73개 학교를 세웠는데 이중 32개는 교회 안에 있었습니다. 1907년 일제가 군대를 해산하자 진위대원들, 강화중앙교회 교인들과 함께 의병운동을 이끌었고, 이로 인해 서울에서 옥고를 치르다가 미 선교사 벙커의 주선으로 석방되었습니다. 1908년에는 서북학회에 참여했고, 석방 이후 안창호 등과 비밀결사 '신민회'를 조직했으며, 105인 사건으로 3년간 황해도 무의도에 유배됩니다. 1912년 중국으로 망명하여 전도사로 일했고, 연해주에서 신채호 등과 함께 민족해방 투쟁에 나서다가 러시아혁명 이후 민족운동에 사회주의를 접목했습니다.

3·1운동 후 상해임시정부 국무총리가 되었지만, 이승만 등과 갈등하다가 임시정부에서 이탈하여 고려공산당을 창당했고, 시베리아에서 1935년에 병사합니다.

　죽산 조봉암 선생은 강화중앙교회 교인이 되어 교회 청년들과 1919년 3·1운동에 참여했습니다. 1919년 3월 18일, 이진형 목사와 유봉진 권사 등의 지도하에 주민 1만여 명이 참여한 만세 시위운동은 한 달 넘게 강화도 전역을 휩쓸었으며, 재판에 회부된 43명은 대부분 기독교인이었습니다. 죽산은 경성YMCA에서 여운형, 김규식 등을 만났고, 소련·중국·만주 등을 오가며 공산주의 노선에서 독립운동을 했습니다. 1932년 상해에서 체포되어 신의주 형무소에서 7년간 복역한 후 인천에서 노동단체를 조직하다 검거되었지만 해방으로 석방되자 사상 전향을 했습니다. 1948년 제헌 국회 의원으로 당선되어 헌법기초위원장으로 헌법 제정에 참여했고, 초대 농림부장관이 되어 농지개혁을 성사시켰습니다. 제2대 대통령 선거에서 30% 지지를 받아 파란을 일으킨 결과, 이승만 정권의 음모로 교수형에 처해집니다. 2011년에 대법원에서 무죄판결을 받아 복권되었습니다.

　강화중앙교회를 개척한 이들은 홍의교회 지도자들이었습니다. 주선일, 박성일, 김봉일 등에 의해 1900년 9월 1일, 강화성 내 최초 교회인 잠두교회가 창립되었는데 '일'이란 돌림자 이름은 예수 안에서 한 가족, 한 형제임을 결의한 결과입니다. 교회는 잠두의숙과 제일합일여학교를 세웠고 월곶교회 등 26개 교회를 개척하거나 설립을 지원하여 강화의 예루살렘 교회라고 일컬어집니다.

　1914년에 강화 최초의 서양식 벽돌 교회를 신축한 강화중앙교회는 2000년, 노트르담성당풍으로 예배당을 건축하여 찬란한 역사를 품고 언덕 위에 아름답게 서 있습니다. 2018.11

내리교회

내리교회가 한국 교회 역사상 최초로 했던 많은 사역이 있습니다. 1891년 한국 최초의 예배당(White Chapel) 건립을 시작으로, 초등학교인 영화학교 설립, 여선교회와 기독청년회 조직, 신학 전문지 『신학월보』 발행, 한국인 목사 안수와 해외 선교사 하와이 파송, 해외 개척교회 설립, 헨델의 메시아 전곡 연주. '최초'는 관습이나 경계를 넘어서려는 용기와 도전 의식, 열정에서 나온 것이기에 참 소중합니다.

 사람들이 신뢰하고 사랑할 만한 인물들이 내리교회를 유지하는 저력이었습니다. 내리교회 역사 화보집에서 '내리를 빛낸 인물 130인'을 살펴보다가 눈에 들어온 몇 분이 있었습니다.

 1. 김기범 목사와 딸 김애마 교수

 인천 최초 조선인 전도자 노병일의 전도를 받아 인천 최초 결신자가 된 김기범은 1901년에 목사 안수를 받아 최초의 한국인 목사가 되었습니다. 엡윗청년회 활동에 적극 참여해 애국 애족

인천광역시 중구
우현로67번길 3-1
1885년 설립
기독교대한감리회

정신을 드높였고, 주일학교는 크게 발전했으며, 자립교회를 지향해 '최고의 교회'라는 찬사를 받았습니다. 막내딸 김애마는 이화여대 사범대학 초대학장과 YWCA 회장으로 여러 분야에서 활동했습니다. 같은 내리 출신으로 총장을 지냈지만, 친일했던 김활란과는 비교되는 고귀한 인품으로 존경받았습니다.

2. 신홍식 목사

3·1운동 민족 대표 33인 중 한 분으로, 2년 6개월 만기 복역 후 1922년 봄 내리교회 담임목사로 부임합니다. 1923년 친필로 기술한「인천 내리교회 역사」는 귀중한 사료로 평가받습니다. 지조 높은 목회자요, 독립운동가로 끝까지 변절하지 않은 몇몇 인사 중 한 분으로 1962년, 대한민국 정부 건국공로훈장 복장이 추서되었습니다.

3. 이길용 기자

『동아일보』체육부 기자 시절인 1936년, 손기정 선수의 베를린 올림픽 마라톤 우승 사진에서 일장기를 말소하여 투옥되었고, 창씨개명 반대로 옥살이하다가 광복으로 출옥합니다. 6·25전쟁 때 납북되었고 한국체육기자연맹에서는 '이길용 체육 기자상'을 제정하였습니다.

4. 조영호 장로

노동운동과 고난받은 이들의 대모 조화순 목사의 부친입니다. 성경을 교육지표로 삼았고, 부부간에도 큰소리 한 번 오가는 일 없이 온화한 가정생활의 본을 보였다고 합니다. 예수님께 하듯 어려운 이들을 도왔다니 이런 삶이 따님 조화순 목사에게 이어져, 갖은 고초와 여러 번의 옥살이를 마다하지 않고 평생 가난한 이들과 동행하게 했을 것입니다.

초기 내리교회가 서해권 선교의 전진기지였듯이, 새롭게 열리는 동북아 시대에 평화와 번영을 여는 데 기여하여 "가장 오래된, 그러나 가장 젊은 교회"의 기치가 빛나길 기원합니다. 2018.07

능곡교회

경기도 고양시의 능곡교회(윤인영 목사)는 한국기독교장로회의 어머니 교회인데, 예배당이 '기도하는 손'을 상징하는 모습입니다.

구한말 고양군 행주는 중국 무역선과 호남관서의 화물선으로 번성하던 중심지였습니다. 원두우 선교사가 행주교회를 세운 것은 여기에 세관 등 관청과 거래처들이 많아 경기 북부지방의 선교기지로 적합하다고 보았기 때문입니다. 능곡 사람들은 주일 아침이면 2km 떨어진 행주교회로 가서 예배했습니다. 홍수나 한파가 있을 때 행주 가는 것이 만만치 않았고, 동네에 교회가 세워지는 것이 복된 일이라 생각하여, 이기석 씨 집에 모여 원두우 목사에게 교회 설립을 요청하기로 결의했습니다.

1893년 3월 첫 주일 아침, 원두우 목사를 모시고 사산면 토당리 이기석 씨 집에 모여 예배하는 것으로 사산교회(능곡교회 전신)가 설립되었고 교인수가 점점 늘어납니다. 교인들이 간절히 기도한 끝에 그 집에 초가 10칸 교회당이 건축되었습니다. 놀랄 만한 성장을 하던 능곡교회는 1916년 암울한 민족 현실을 타개하고

경기도 고양시 덕양구
토당로104번길 33-12
1893년 설립
한국기독교장로회

독립과 지역사회의 꿈을 이루기 위해 보명학교를 설립했습니다. 3·1운동에서 이 학교 유현경 선생을 중심으로 만세운동이 확산되었고, 검거된 유 선생은 태장 60대를 맞고 26세의 젊은 나이로 숨을 거둡니다.

한국전쟁으로 교회당이 소실되지만, 1955년 교인들 헌금과 미국선교부 후원으로 지역에서 가장 큰 교회당을 건축하고 헌당식을 거행하는데 함태영 부통령도 참석했습니다. 교회 개척에 열성을 내어, 1947년 원당교회를 비롯해 5개 교회를 개척하여 어머니교회로서 역할을 하고, 1996년 2월 본당 좌석 3,000석 규모로 100주년 기념 성전을 준공했습니다.

능곡교회를 방문한 날, 친절한 송영균 장로에게서 『능곡교회 120년사』를 받고 또 인도에 따라 예배당에 들어가 보니, 설교단 등이 다 '기도하는 손' 모양으로 되어 있었습니다.

서광선 박사의 『기찻길 나그네길 평화의 길』은 기차를 모티브로 인생과 학문의 여정을 기록한 자전적 책입니다. 노신학자의 간절한 꿈이 담긴 마지막 글이 기도로 읽혀졌습니다.

"이제 머지않아 우리 가족 모두 함께 평양행 기차에 오를 것이다. 평양으로 가서 순교자 아버지의 묘를 찾아 성묘하고, 평양 봉수교회의 주일예배에 참석하고, 인사말을 통해 내가 다시 왔노라고, 내가 약속을 지킬 수 있게 되어 하나님께 감사한다는 '간증'을 하게 될 것이다. (중략) 나의 평생소원을 이루고 싶다. 그렇게 된다면, 나의 기찻길 위의 나그네 인생도 마감될 것이고, 평화롭게 감사하는 마음으로 숨을 거둘 수 있을 것이다. 침략의 기찻길, 나그네 길은 끊어지고, 이제 평화의 기찻길이, 새 시대와 함께 열리는 날을 꿈꾸면서…."[16]

새해에는 한반도의 평화가 새롭게 열리길 '두 손 모아' 간구합니다. 2019.12

대원교회

경기도 파주시 조리읍
닻고개길 70
1901년 설립
대한예수교장로회 합동

한림대 한림과학원에서 펴낸 『개념과 소통』 20호(2017년)에서 강정인 교수(서강대)는 '박정희 시대의 국가주의'에서 박정희의 국가주의는 민족주의와 강고하게 결합한 국가 민족주의라고 규정하고, 유신헌법 제정을 통해 영도자 지위에 오르면서 명실상부하게 제도화했다고 분석합니다. 이때 각인된 국가주의는 여전히 작동하고 있습니다.

 1980년 8월 6일, 한경직·김준곤·정진경 목사 등은 전두환 국가보위비상대책위원회 상임위원장을 위한 조찬기도회를 열고 학살에 대한 면죄부를 주고 추앙했습니다. 이들이 녹재 권력과 야합하며 내세운 성경 구절은 로마서 13장 1절 "사람은 누구나 위에 있는 권세에 복종해야 합니다. 모든 권세는 하나님께로부터 온 것이며, 이미 있는 권세들도 하나님께서 세워 주신 것입니다."였습니다. 시대 상황이나 바울 사도의 의도는 무시하고, 자신의 권력 추종과 국가주의를 합리화하는 것으로 사용했습니다.

 해방기 경기도 파주에서 반공적인 민족적 국가주의에 맞서 신앙심을 지킨 어린 학생들이 있었습니다. 1949년 3월, 파주 봉일천초등학교 학생 36명이 태극기에 엎드려 절하는 것을 거부해 퇴학 처분을 받습니다. 학생들은 대원교회 주일학교에서 배운 대로 십계명 제2계명 "우상을 만들지 말고 그것들에 절하지 말며 섬기지 말라"를 지키려고 한 것입니다. 이로 인해 교회는 감시를 받았고 최중해 담임목사도 고초를 겪었습니다. 이 사건이 주목을 받자 부통령 이시형 장로를 주축으로 국무회의를 열어, 오른손을 가슴에 올리고 국기에 주목하는 방식을 채택했고 학생들은 학교로 돌아가게 되었습니다. 대원교회는 교회 설립 100주년을 기념하여 '십계명 신앙비'를 세웠습니다.

경기도 파주의 첫 교회인 대원교회는 1901년 서울로 오가며 장사하던 주민 6명이 예배하면서 시작됐습니다. 1904년 원두우 선교사가 부흥사경회를 인도하며 신자가 50여 명으로 증가했습니다. 1953년 미 공병대가 건축한 흔적이 남아 있는 예배당은 아담합니다.

미국 칼빈신학대 강영안 교수는 "내 나라는 이 세상에 속한 것이 아니니라."[17]는 말씀을 풀이해 "예수님의 왕권은 정치와 무관하다거나 이 세상은 예수님의 왕권 밖의 치외법권이라고 말하는 것이 아니라 모든 영역이 하나님의 통치 아래 있는 영역이되 예수님의 왕권, 예수님의 정치 방식은 세상 방식과는 다르다는 말씀입니다."라며, 모든 세계는 하나님의 것이기에 모든 것을 하나님께 돌려 드리는 게 마땅하다고 가르치신 것이라고 했습니다. 캐나다 밴쿠버기독교세계관대학원의 최종원 교수가 저서에서 밝힌 입장은 소중합니다.

"국가주의는 유한하다. 신이 부여한 인간의 존엄과 가치를 지키기 위해 국가권력에 맞서 순교를 택한 것이 기독교였다. 인간의 존엄과 가치는 국가권력보다 더 지고한 가치였기 때문이다."[18] 2019.05

도심리교회

강원도 홍천군 화촌면
도심리길 196
2002년 설립
대한예수교장로회 통합

열두 골짜기로 된 강원도 홍천군 화촌면 도심리 맨 끝에 위치한 옛 교회당은 곱게 물든 수목들과 기막히게 어우러져 있었습니다. 홍 목사가 벽돌을 찍어 지은 10평짜리 옛 교회당은 아늑했습니다. 설교단 뒤로 숲이 보이도록 난 작은 창문은 세상으로 나아가는 상징이라고 했습니다. 교회 앞 2,700평 밭은 마을 주민들과 공동경작을 하는데 마을과 교회가 '하나되는' 상징처럼 보였습니다. 홍 목사가 2002년 3월 선교공동체를 세우기 위해 여기로 들어왔을 때, 주민들은 큰 돌과 통나무로 차량 통행을 막았습니다. 반상회에서 주민들은 장애인을 수용하거나 기도원을 세우지 않고 환경오염도 하지 않는다고 약속하는 서류에 도장을 찍게 했습니다. 집집이 다니면서 예수 믿으라고 하지 않을 것도 약속하라고 요구받았을 때, 홍 목사는 순간 '그래, 말로 하지 말고 삶과 행동으로 예수의 복음과 사랑을 전하자.'고 다짐했다고 합니다.

 그때부터 홍동완 목사는 목사 아닌 마을 막내 '동완이'를

자처하며 주민들의 모터 펌프나 TV 등을 수리해 주고 허드렛일을 도맡았습니다. 3년째 되는 해, 마을 정월 대보름 거리 제사에서 기도해 달라는 부탁을 받았습니다. 홍 목사는 큰 소리로 창조주 하나님께서 소출을 주셨다고 감사 기도를 드리자 노인들이 "아멘"으로 화답했답니다. 2008년 7월, 칠순 잔치에서 술이 거나하게 취한 주인공 할아버지가 그에게 "우리 마을에서도 낮엔 일하고 밤엔 기도하고 찬송하는 교회가 하나 있으면 좋겠다."고 제안했습니다. 결국 그분이 도심리의 첫 번째 세례자가 되었습니다. 이렇게 기독교인 하나 없던 마을에서 도심리교회를 시작했는데, 지금은 주민 40여 명 중 절반이 교인이고, 나머지 주민들도 부활절과 추수감사절 예배 때는 모두 교회로 모입니다.

8년째 되던 해, 마을 대동회에서 그를 만장일치로 반장에 선출합니다. 이젠 '동완이'에서 '홍 반장'이 되어 거리낌 없이 주민들을 방문하고 도와줍니다. 요즘 홍천군 지원을 받아 도심리교회가 추진하는 '행복한 마을 만들기'를 진행하고 수익금은 마을 기금으로 쌓아 함께 여행을 떠나기도 한답니다. 홍 목사는 마을 공동체와 교회 공동체를 하나의 공동체로 인식하며 사역하고 있는 것입니다.

6년 동안 준비해 2019년 11월에 완공한 새 교회당은 홍 목사의 목회 철학이 오롯이 담겨 있었습니다. 작은 동산 지하 4m에 아담하게 지은 40평 예배당은 천장과 벽이 나무로 되어 있고, 실내가 보통 18~23도를 유지하여 여름과 겨울에 냉난방하지 않아도 되는 친환경 에너지절약 건축입니다. 강단 뒤 숲을 가득 담은 커다란 창을 통해 자연과 교감할 수 있게 한, 영적으로도 풍성한 공간이었습니다.

도심리교회가 마을공동체와 하나 될 수 있었던 굳건한 토대는 홍 목사의 진실성에 있다고 생각합니다. 목회 철학과 헌신을 넘어 마을주민들을 향한 그의 진정성이 통한 것이겠지요.

2020.11

문호교회

안개 사이로 푸른 강물이 보이는 양수리(두물머리)를 지나노라니,
이현주 목사의 시 「우리가 서로 만나 무얼 버릴까」가
떠올랐습니다. 제가 혼인식 주례할 때 자주 인용하는 시입니다.

> 바다 그리워 깊은 바다 그리워
> 남한강은 남으로 흐르고
> 북한강은 북에서 흐르다가
> 흐르다가 두물머리 너른 들에서
> 남한강은 남을 버리고
> 북한강은 북을 버리고
> 아아, 두물머리 너른 들에서
> 한강 되어 흐르는데
> 아름다운 사람아, 사랑하는 사람아
> 우리는 서로 만나 무얼 버릴까
> 설레는 두물머리 깊은 들에서

경기도 양평군 서종면
무내미길 73
1905년 설립
대한예수교장로회

우리는 서로 만나 무얼 버릴까

바다 그리워, 푸른 바다 그리워

우리는 서로 만나 무얼 버릴까

- 이현주, 「우리가 서로 만나 무얼 버릴까」

    문호교회가 터 잡은 경기도 양평군 서종면 문호리[汶湖里]의 汶은 '더러울 문'입니다. 강물이 더러워질 정도로 먹을 갈면서 공부하는 선비가 많았다는 데서 유래했습니다. 뱃길이 중요한 교통로였던 조선시대에 문호리는 한양으로 진입하는 관문이었습니다. 고을이 번성하여 '작은 서울'로 불리기도 했다니 도무지 실감이 나지 않습니다.

    문호교회는 1905년에 설립됐습니다. 한국전쟁으로 전소된 교회를 재건축할 때, 교인들은 물론 주민들까지 합세하여 북한강 언저리의 돌들을 옮겼습니다. 지금도 돌로 된 벽과 축대를 비롯해 60년 넘은 옛 예배당을 보존하고 있는데, 그때 한 돌 한 돌 옮겨와 예배당을 건축했다는 까닭에 '한돌성전'으로 이름 지었답니다.

    문호교회는 1919년 3·1운동을 비롯한 독립운동의 구심점이었고 학당을 세우고 모임터로 쓰이는 등 지역사회를 위해 큰 역할을 했기 때문에, 교회에 대한 주민들의 사랑이 예배당 건축 과정에 오롯이 담긴 것입니다. 교회를 닮았는지 옛 예배당 앞 커다란 상수리나무도 가을이면 많은 열매로 주민들에게 유익을 준다고 합니다.

    문호교회에 가서 예배한 일요일, 예배당 안은 생기가 넘쳤습니다. 아이들의 조잘거리는 소리가 참 정겨웠습니다. 그날, 마을 만들기에 힘써 온 지역 활동가 두 분이 찾아와 교우들과 이야기를 나누는 모습을 보면서, 지역사회를 진심으로 섬기려는 선교적 교회의 가치가 더욱 소중히 다가왔습니다. 2017.11

삼척제일교회

삼척제일교회가 긴 역사를 어떻게 이어 왔는지 가늠할 수 있는 지표는 지역사회와 공감입니다. 신사참배에 저항하다 순교한 최인규 권사를 주목하게 된 것은 이분의 기독교 입교 동기가 바로 공감이었기 때문입니다. 최 권사는 항일운동으로 수차례 옥고를 치른 독립운동가 이수정 선생에게서 영향을 받았습니다. 더구나 구약성서 속 아브라함의 굳은 신앙, 모세의 열정적 동족애, 예레미야의 애국정신, 출애굽 해방의 이스라엘 역사에서 소망을 발견하고 민족의 해방을 확신하며 황국신민화 정책에 단호하게 맞설 수 있었습니다.

 1940년 5월, 삼척경찰서 한국인 고등계 형사에 체포돼 가혹한 고문을 받았지만 "하나님 외에 왕은 있을 수 없으며 인간 천황에게 절할 수 없다."고 끝까지 저항했습니다. 일제는 창피를 당해 보라고 최 권사에게 똥통을 지우고 집집마다 다니면서 "내가 예수 믿은 최인규입니다."라고 외치게 했습니다. 그러나 그가 주님의 십자가 고난에 동참한다는 감격스러운 마음으로 부끄럼 없이 기쁘게

강원도 삼척시 중앙로 240
1912년 설립
기독교대한감리회

끌려다니자 저들의 술수는 역효과를 냈습니다. 그 광경을 본 주민들은 일제를 원망하고 최 권사를 동정했다고 합니다. 함흥재판소에서 재판을 받아 2년형을 언도받고 대전형무소로 전감한 그는 그곳에서 황국 신민 서사와 동방 요배, 일장기 경례를 거부했습니다. 계속되는 구타와 고문, 회유에 맞서 금식을 단행했고 결국 1942년 12월 16일 별세합니다. 그분의 순교 기념비가 삼척제일교회 마당에 서 있습니다.

강원도 복음 전도는 하리영 선교사가 미 남감리회 선교부 소속으로 1898년 원산에 머물면서 본격화했습니다. 강원도는 문화적 배타성이 강해 어려움이 컸지만 선교사들과 전도인들의 꾸준한 노력과 인내로 열매를 거두기 시작했습니다. 삼척제일교회는 김한달이 문중의 냉대를 받으면서도 1912년 4월 기도처를 정하고 12명이 예배하면서 시작됐습니다. 1920년 김한달 전도사의 장남 김기정 전도사가 부임해 가난한 이들의 고통에 공감하며 헌신적으로 사역했고, 1925년 삼성유치원을 설립해 영동 지역 선교를 열었습니다. 1944~1945년 일제의 신사참배 강요 등으로 핍박이 더욱 거세져 관제 교회만 남게 됐을 때, 삼척제일교회는 폐쇄의 길을 택했고 일제는 예배당을 '강원도토목관구사무소'로 사용했습니다. 이에 한기모 목사는 교회를 지키며 통분의 기도를 드리다가 많은 고초를 당했습니다.

오늘날 삼척제일교회가 주로 토박이 교인들로 구성된 것은 지역사회와 공감하며 성장한 공동체임을 보여 줍니다. 장로 10명 중 7명이 삼척 출신입니다. 여성 장로는 설립자의 고손녀이고, 나머지 3명도 이곳에 수십 년 거주한 분들입니다.

2010년 부임한 박신진 담임목사는 삼척은 물론, 영동지역 교회 목회자들과 공감하며 평신도 지도자들을 모으고 아우르는 중심 역할을 하며 목회자 독서 모임, 교회연합행사 등을 이끌고 있습니다. 2019.03

샘골교회

"반월성 황무지 골짜기로 / 따뜻한 햇볕은 찾아오네 /
우리의 강습소는 조선의 빛…
오늘은 이 땅에 씨 뿌리고 / 내일은 이 땅에 향내 뻗쳐 /
우리의 강습소는 조선의 싹…
황해의 깊은 물 다 마르고 / 백두산 철봉이 무너져도 /
우리의 강습소는 영원무궁…"

최용신 선생의 무덤 앞에 서니, '샘골강습소 교가'가 들려오는 것 같았습니다. 그는 함경남도 덕원군에서 1909년 태어나, 협성여자신학교를 다니며 농촌계몽 운동에 참여했습니다. 그는 '송죽회'와 '대한민국애국부인회'를 조직해 독립운동을 지원하던 황애덕 교수의 영향을 많이 받았습니다. 최 선생은 1931년 YWCA 지도교사로 수원군 반월면 천곡(샘골)에 파견됐습니다. 당시 샘골마을은 일제의 극심한 수탈로 절대빈곤에 처한 농촌이었는데, 샘골교회를 중심으로 일제 감시를 피해 아동교육 강습소를

경기도 안산시 상록구
샘골로 171
1907년 설립
기독교대한감리회

운영합니다. 처음에는 주민들이 반대했지만 진정성 있는 호소와 아동교육의 필요성에 공감하여 마음의 벽이 허물어집니다.

낮에는 아이들을 가르치고 밤에는 어른들을 위한 야학을 운영했습니다. 학생 수가 급증하자 주민들과 새로운 강습소 건축을 시작했고, 1933년 1월의 추위 속에 낙성식을 합니다. 많은 학생이 몰려들어 한글·역사·성경 공부에 힘썼고, 문맹 퇴치와 농업기술은 물론 민족신앙과 애국심을 고취하는 데 혼신의 힘을 다했습니다.

그러다 신학 공부를 위해 일본 유학을 떠났으나 병이 나 6개월 만에 귀국합니다. 귀국 후 샘골 사람들의 간청에 아픈 몸으로 수업을 강행했고, 병세가 악화되어 1935년 1월, 26세의 나이로 별세했습니다. 그는 "학교가 잘 보이고 종소리가 들리는 곳에 묻어 달라."는 유언을 남겼습니다. 당시로는 드문 사회장을 치를 때 많은 학생과 주민들이 애통해했습니다.

『동아일보』가 1935년 창간 15주년 장편소설을 공모했을 때, 낙향해서 농촌계몽 운동을 하던 심훈은 최용신 선생에 대한 업적을 읽고 감동받아, 최용신을 '채영신'으로 바꾸어 『상록수』를 써서 당선됐습니다. 『임꺽정』의 저자 벽초 홍명희가 서문을 쓴 책이 발간되자 큰 인기를 얻었습니다.

이렇듯 최용신 선생의 얼이 살아 숨 쉬는 샘골교회는 1907년에 세워진 안산의 어머니 교회입니다. 1996년 신도시 계획으로 교회가 강제 철거당할 위기에 몰리자, 교인들이 온몸으로 맞서 싸워 교회와 최용신 선생의 유적지를 보존할 수 있었습니다. 1998년, 샘골강습소 터에 지금의 예배당을 건축하여 아담하게 자리 잡고 있습니다.

예배당에는 기미 독립 선언문이 있고, 매년 3·1절 기념 예배를 엽니다. 매년 1월에는 최용신 선생 추모 행사를 열고, 9월에는 안산시의 상록수 문화제에 협력하며 '상록수찬양단'도 있습니다. 2018.02

성공회 강화읍성당

산과 들, 바다가 어우러지고, 유적이 많아 매력적인 섬 강화도의 고려궁지와 철종 생가 용흥궁에서 가까운 곳에 한국 교회 토착화의 상징인 성공회 강화읍성당이 자리하고 있습니다. 나지막한 언덕 위 고풍스럽게 서 있는 한옥 성당은 순전한 전통 한식 건물은 아니지만, 교회 건축이 그 땅 사람들의 신앙을 표현하고 있다는 점에서 조선인의 삶과 마음을 담으려 애쓴 흔적이 보입니다. 강화도민의 심성에 다가서려고 전통문화와 융합을 시도한 것이지요. 신앙의 정체성을 유지하면서도 각국의 고유성을 존중하기 위해 노력한 성공회의 특성이 반영되었습니다.

    강화읍성당은 1900년 11월 15일 축성되었습니다. 조마가 주교가 설계하고 감독했는데, 그는 직접 신의주에 가서 백두산 미인송[美人松]을 골라 뗏목을 서해에 띄워 강화까지 운반했습니다. 공사는 경복궁을 지은 궁궐도편수가 주도했다고 합니다. 이런 정성 때문인지 현존하는 대한성공회 최고[最古]의 성당은 아침 햇살에 아름답게 빛났습니다.

인천광역시 강화군 강화읍
관청길27번길 10
1900년 설립
대한성공회

성당은 입구 계단, 외삼문, 내삼문, 성당, 사제관으로 구성되어 있습니다. 언덕과 함께 보면, 범선처럼 보입니다. 세상을 구원하는 '방주'가 되고자 이런 형태로 건축했다고 합니다. 중앙에 있는 성당 건물은 넓이 4칸 길이 10칸의 장방형이고, 성당 정면에는 '天主聖殿'(천주성전)이라고 적힌 현판이 걸려 있습니다. 수려한 지붕 꼭대기에 있는 십자가는 특이하게 연꽃 모양을 담아 동서양 조화를 찾고자 한 의도를 읽을 수 있습니다. 앞마당에 서 있는 큰 보리수나무 두 그루에서도, 전통적 민족 신앙과 충돌을 피하고자 했던 외래 종교 성공회의 깊은 배려를 알 수 있습니다.

전통 가옥이나 사찰에서 볼 수 있는 주련(기둥이나 벽에 세로로 써 붙이는 글귀)도 다섯 개 있습니다. 주련 맨 위에는 연꽃 문양이 있고, 글귀는 성경의 가르침을 담고 있습니다. 그중 '神化周流囲庶物同胞之樂'(하느님의 가르침이 두루 흐르는 것은 만물과 동포의 즐거움이다)이라는 글귀에서 주눅 들어 살아가는 민중을 말씀으로 위로하고자 한 의도를 헤아릴 수 있습니다. 내부 공간은 서양식 바실리카양식을 응용해 소박하고 아름다웠으며, 잠시 관할 사제를 만났던 사제관은 깔끔한 한옥이었습니다.

2017년 목회자 인문학아카데미에서 정인재 서강대 명예교수를 모시고 양명학을 공부했는데, 하곡 정재두(1649-1736) 선생의 강화학파가 중심이 되어 양명학을 발전시켰다는 사실을 알고 강화도가 더욱 소중하게 여겨졌습니다.

앞으로 우리 기독교 신학이 인접 학문과 적극 대화함으로써 한국 교회 건축과 기독교 미술 등이 우리나라에 더욱 아름답게 뿌리내리길 기대합니다. 2018.01

수원종로교회

죄와 허물을 회개하고 비우는 대림절[待臨節](Advent)에는 수원의 대표적인 독립운동가 임면수 권사를 기억해야 하는 이유는 민족해방과 민중교육을 위해 전 재산을 다 내놓고 전적으로 헌신한 까닭입니다. 1874년 수원 매향리 출신 임면수 권사는 상경하여 1896년 독립협회에 가입하고, 민족독립운동 중심지인 상동교회 엡윗청년회에서 애국지사들과 교류하다가 전덕기 목사를 만나 신앙을 받아들입니다. 독립협회 해산 후 수원으로 돌아와 수원종로교회에 엡윗청년회를 세웠습니다. 과수원과 토지를 희사해 수원에서 현대식 교육을 처음 도입한 삼일학당(현 삼일학교)을 건립, 교감과 교장으로 헌신했습니다. 국채보상운동을 전개했고 항일운동단체인 신민회의 경기도 책임자를 지내다, 전 재산을 삼일학당에 기부하고 항일투쟁을 위해 중국으로 망명합니다. 임시정부와 신흥무관학교의 재정조달을 위해 일했고, 1911년 신흥무관학교 분교인 양성중학교 교장으로 독립군 양성에 진력했습니다. 부인 전현석 여사와 운영한 객주는 독립군의 중계

경기도 수원시 팔달구
정조로 830
1899년 설립
기독교대한감리회

연락소와 무기보관소였습니다. 전 여사는 독립군 식사를 위해 하루 저녁 5~6끼 밥을 지었으며, 독립군으로서 전 여사의 밥을 안 먹어 본 이가 없을 정도였다고 합니다.

임면수 권사 장남은 만주에서 독립투쟁에 가담했다가 목숨을 잃었습니다. 그도 1921년 밀정의 고발로 체포되어 수감 중, 고문으로 전신이 마비되면서 병보석으로 1년 만에 출옥합니다. 다시 수원으로 돌아와 삼일학교를 운영했고, 민립대학 설립 운동에 나서는 등 독립운동을 계속하다가 1930년 고문 후유증으로 별세합니다.

수원은 정조대왕이 유교를 바탕으로 세운 한국 최초의 계획도시인 까닭에 복음전파에 어려움을 겪었습니다. 이 지역 선교를 맡은 미감리회 서원보(W. C. Swearer) 선교사가 몇 차례 선교를 시도했지만 실패했습니다. 1899년 4월, 시란돈 선교사가 파송한 감리교인 서너명이 수원 읍내로 이사와 정착하면서부터 비로소 신앙 공동체가 형성되었습니다. 1901년 12월 인천 내리교회 이명숙 권사가 오면서 신앙 공동체가 본격적으로 자리 잡고, 초가집을 매입해 예배당을 세웠습니다. 이듬해 남자 3명, 여자 4명을 등록시키면서 수원종로교회가 본격 출범했습니다. 2년 만에 크게 성장하자, 남녀 매일학교를 설치해 운영했고 근대 수원 교육의 효시가 된 삼일여학교(현 매향여학교)와 삼일남학교로 발전하여 청년들이 몰려왔습니다. 교회는 봉건사회에서 양반과 왕권에 억눌렸던 농민과 상인, 천민과 여성에게 인권과 자유, 평등사상을 심었고, 교육, 의료를 통해 가난과 무지를 깨우쳤으며 독립운동에 앞장섰습니다. 3·1운동 민족 대표 33인의 최성모 목사, 민족 대표 48인의 김세환 권사, 진남포 3·1운동을 주도하다 옥고를 치룬 이하영 목사가 수원종로교회 출신입니다. 서울 이남 지역선교의 산파였고 척박한 시대에 수원의 빛이었던 수원종로교회는 2019년 올해, 창립 120주년을 맞이했습니다. 2019.11

용진교회

북한강변의 용진교회는 헨리 나우웬 신부가 언급한 '상처 입은 치유자'로서 자신이 입은 상처를 통하여 생명과 평화를 심는 역할을 감당하고 있습니다. 1902년 이웃 분원교회 교인들이 용진에 와서 기도했을 때 조현병을 앓던 김씨 부인이 치유되자, 교인이 된 주민들이 김원명 씨 사랑방에서 예배하기 시작했고 1907년 정식으로 교회가 창립됩니다. 1914년 경진학교를 설립했고(현 송촌초등학교), 봉안교회를 비롯하여 양수교회 등 6개 교회를 세웠습니다. 1909년 교회를 건축할 때 가까운 수종사 주지였던 이강원 장로의 동생이 교회당 대들보로 쓰라고 느티나무 네 그루를 헌납했다고 합니다.

    1919년 3월 15일, 용진교회 신도들과 주민들이 태극기를 앞세우고 "대한독립만세"를 외치면서 팔당을 지나 면소재지 덕소에 이르렀을 때는 500여 명이나 되었습니다. 이튿날 주일, 일제 헌병들과 보조원들은 예배하던 용진교회를 포위하여 신도 10명을 체포하고, 마을주민 7명을 연행했는데 이들 중 한 분은

경기도 남양주시 조안면
북한강로521번길 12
1907년 설립
한국기독교장로회

옥사하였습니다. 1925년에는 서울과 경기 일원의 대홍수로 예배당이 훼손되었고, 1950년 6·25 한국전쟁 때도 미군 폭격기 때문에 예배당과 주민가옥 대부분이 파괴되었습니다.

　1957년 부임한 박창균 목사는 박정희 군부독재 그리고 자본가와 싸우는 것이 예수부활 신앙이라는 신학으로 목회하였습니다. 통일운동을 하다가 국가보안법 위반으로 감옥살이를 했지만, 용진교회 교인들은 민주화운동과 통일운동 참여를 잘 수용했습니다. 1972년 10월, 경찰서장이 파출소장과 예비군 중대장을 대동하고 류창렬 목사를 찾아와 유신헌법을 적극 지지하고 홍보할 것을 요청합니다. 이를 단호히 거절한 것이 보복을 받아 새 예배당이 개발제한구역에 있는 불법 건축물이라는 이유로 강제 철거당합니다. 박준순 목사도 반독재 민주화운동에 헌신하며 교회를 신축하여 1988년 4월 헌당 예배를 드렸습니다. 2003년 김선구 목사가 부임했고 기장 총회는 용진교회의 역사 참여를 높이 평가하여 '총회 역사유적지'로 지정했습니다.

　2006년 제87주년이 되는 3·1절, 용진교회의 3·1 애국선열 추념탑을 송촌독립공원으로 이전하여 기념식과 완공식을 거행했습니다. 강제 철거된 예배당 터를 남양주시 지원으로 확장하여 송촌독립공원을 세웠는데 지역사회가 용진교회의 역사성을 인정한 뜻깊은 사건이었습니다. 이명박 정부의 4대강 개발 추진으로 팔당 지역이 대표적인 개발 대상이 되면서 용진교회와 마을은 다시 격랑의 소용돌이에 빠지게 되었습니다. 2009년부터 용진교회와 한국기독교장로회 총회 '생태공동체운동본부'가 중심이 되어 금식기도회 등으로 '생명의 강 살리기'를 위한 저항운동을 펼쳤습니다.

　북한강 변 주민들은 힘들고 어려울 때 두 팔을 벌려 마을을 품고 있는 교회를 쳐다보는 것만으로도 큰 위안이 될 것입니다. 2018.10

제암교회

1919년 4월 15일, 아리타 도시오 중위가 이끈 일본군은 제암리를
포위하고 15세 이상 남자들을 제암교회로 몰아넣었습니다.
출입문을 폐쇄하고 창문으로 총을 난사하며 예배당에 불을
질렀습니다. 탈출하는 이들에게 총탄을 퍼부었고, 이들을 구하러
달려온 부인 2명도 사살해 23명이 희생됐습니다. 이 불은 제암리
초가 마을 전체를 삼켰습니다. 저들은 인근 고주리로 가서 천도교
지도자 일가족 6명도 살해했습니다. 참혹한 사건은 원두우
선교사와 미국 커티스 영사를 통해 외부로 전해졌습니다. 특히
스코필드 박사(Frank W. Schofield, 한국명 석호필)의 용기 있는 행동으로
만행이 전세계에 알려졌습니다. 당시 한미관계나 정교분리를
내세운 미국의 선교 정책에 비춰 보면, 그 역할이 참 대단해서
스코필드 박사를 3·1운동 민족 대표 제34인으로 인정하는
데 거부감이 없습니다. 제암리 사건은 1982년 전동례 장로
등의 증언으로 희생자가 발굴돼 순국기념관 오른쪽 계단 위에
천도교인·기독교인 29명이 합장돼 있습니다.

경기도 화성시 향남읍
제암길 50
1905년 설립
기독교대한감리회

'제암리 학살사건'에 비견하는 사건으로 중국 간도 '장암동 학살사건'이 있습니다. 제가 교회협 교육훈련원장으로 일하던 2010년 7월, 중국 연변에서 민족독립운동을 중심으로 신학생 해외훈련을 진행할 때 용정 장암촌을 탐방했습니다. 마을 앞쪽 언덕에 큰 봉분이 있고 '간도 참변' 연장선에서 희생된 이들을 기리는 '장암동 참안 유적비'가 있었습니다. 1920년 10월 청산리 전투에서 크게 패한 일본군은 그 보복으로 한인 사회, 항일단체, 학교, 교회 등을 초토화했습니다. 이 간도참변으로 한국인 3,700여 명이 피살됐는데, 가장 참혹했던 사건이 예수마을로 불린 '장암동 학살사건'입니다. 일제 토벌대가 장암동 청장년 33명을 교회 안에 가두고 불을 놓아 학살하고 민가와 학교를 불태웠습니다. 며칠 후 다시 쳐들어와 무덤을 파헤쳐 시신을 불태웠습니다. 잡목이 우거진 곳에 불탄 교회터가 남아 있습니다.

　제암교회는 1905년 감리교인 안종후의 사랑채에서 시작됐습니다. 일제 만행에 불탄 후 1938년 기와집으로 지어졌다가, 1970년 일본의 교회와 양심적 사회단체가 속죄의 의미로 보내온 성금을 바탕으로 건축했습니다. 2001년에는 정부가 이 일대를 순국유적지로 지정하면서 예배당은 현대식 건물로 다시 건축됐습니다.

　엄혹한 시대를 치열하게 살면서도 늘 부끄러운 마음을 가졌던 윤동주 시인처럼, 한국교회가 자성적 성찰을 통해 부끄러움을 간직할 수만 있다면 희망이 있습니다. 윤동주 시인의 내면세계를 설파한 김응교 교수가 한 말을 기억하면 좋겠습니다.

"윤동주의 부끄러움은 성서적인 기원을 두고 있고, 윤리적인 부끄러움도 있지만 결국은 역사 앞에서 헌신하지 못하는 자신에 대한 치열한 부끄러움이라고 볼 수 있습니다."[19]

2019.02

중화동교회

백령도는 중국에서 한반도로 접근하는 관문이었기에 중화동교회는 한국 방문선교의 역사입니다. 서해안 해로를 탐사하던 영국 해군 클리포드와 바실 홀이 1816년 상륙하여 한문 성경을 주민들에게 나누어 준 일은 최초의 성경 반입이었습니다. 영국 동인도회사 군함 암허스트호 일원이었던 독일인 귀츨라프는 1832년 7월 성경과 기독교 교리책을 백령도에 남겼습니다. 영국인 토마스 목사(Robert Jermain Thomas, 1840-1866)는 미국 상선 제너럴셔먼호를 타고 1865년 9월 백령도에 상륙하여 두 달간 머물며 성경을 반포하고 풍랑 때문에 중국으로 물러갔다가 이듬해 대동강 변에서 한국 교회 첫 순교자가 되었습니다.

　　중화동교회는 개화파 정치인 허득과 중화동 주민이 자발적으로 세운 교회입니다. 허득은 차관보급의 관직에 오른 백령도 지도급 인사였습니다. 정쟁에 휘말려 백령도로 유배당한 김성진이 신약성경을 집주인 허득에게 전하고 함께 예수를 믿기 시작했습니다. 허득은 서구문화를 받아들여 개혁하는 가장

인천광역시 옹진군 백령면
중화길 230-7
1898년 설립
대한예수교장로회 합동

빠른 길은 기독교를 수용하는 것이라 믿고, 섬 전체를 복음의 땅으로 변화시켰습니다. 소래교회에 도움을 요청하자 서경조 장로와 홍종욱 집사 등이 백령도를 찾아와 성경과 예배를 가르쳐 주었습니다. 1896년 8월, 동네 서당에서 예배가 시작되었고, 1898년 10월 설립 예배를 드렸습니다. 소래교회에서 건축자재를 실어 와 예배당을 세웠고, 1900년 9월 허득을 비롯한 7명에게 세례를 준 원두우 선교사가 중화동교회 첫 담임목사가 됩니다.

백령도는 전 인구 5,200명 중 약 65%가 기독교인일 정도로 교회 문화가 자리 잡고 있습니다. 허득의 아들 허간 목사가 23년간 백령도 주민들에게 신앙의 뿌리가 깊이 내릴 수 있도록 모범을 보이고 선교한 열매입니다. 백령도에는 중화동교회 외에도 100년이 넘는 교회가 세 곳이나 됩니다. 백령기독교역사관에 초기 교회, 최초 백령도 복음전파 장면, 원두우 선교사의 세례 집례 등을 표현한 모형물들에 백령도의 기독교 역사가 담겨 있습니다.

한국전쟁 때 백령도를 삽시간에 장악한 북한 인민군은 이렇게 말했다고 합니다. "안심하고 예배드리세요. 우리 조선민주주의인민공화국 헌법에 신앙의 자유가 있습니다." 이 말에 교인들은 피난 가지 않고 수복될 때까지 3개월간 아무 제재 없이 예배했습니다. 국군이 삼팔선을 넘는다는 소식을 들은 인민군들이 북한에 갈 수 있도록 도와 달라고 하자, 교인들은 배 한 척을 준비해 장연군 쪽으로 보내 주었다고 합니다. 그래서인지 백령도는 좌우익 간에 원한이 없다고 합니다. 북한과 거리가 17km 떨어져 있는 여기에는 북한 사투리를 쓰는 사람이 많습니다. 6·25 때 잠시 내려왔다가 되돌아가지 못한 황해도 출신들로, 지척에 부모 형제를 두고 한 맺힌 상처를 안고서 살아가고 있습니다. 이제 중화동교회가 한반도 평화의 미래를 열어 가는 물꼬가 되길 기도합니다. 2020.07

철원제일교회

하늘이 눈부시게 푸른 날, 백마고지 유적지와 철원노동당사를 지나 철원제일교회 옛 예배당 터에 올랐습니다. 1937년에 봉헌된 석조 예배당은 이화학당을 건축한 윌리엄 메렐 보리스(William Merrell Vories, 1880-1964)가 설계한 것이었습니다. 격조 높고 웅장한 건물이었지만 지금은 사진으로만 볼 수 있어서 참 아쉬웠습니다. 삭막한 옛터에는 전쟁의 상처를 달래듯 진달래꽃이 만발해 있었습니다.

매주 목요일 이곳에서 열리고 있는 '통일 기도회'에 북한 정권에 대한 원한이 많을 연로하신 분들도 힘겹게 찾아와 민족의 평화와 통일을 위해 간절히 기도합니다. 동행한 후배 목사는 심장병이 악화하여 교회를 사임했는데도 호흡을 돕는 기계장치를 들고 참석했습니다. 철원 지역은 물론, 멀리서 평화를 갈망하며 찾아온 목회자들과 교우들의 절실한 기도가 분명 용서와 화해, 평화의 역사를 열어 갈 것입니다.

철원제일교회는 1905년 장로교회로 개척됐지만 2년 후 선교지

강원도 철원군 철원읍
금강산로 319
1905년 설립
기독교대한감리회

분할정책으로 감리교회로 이관했습니다. 그때는 교계에 질서가 있었습니다. 1919년에는 박연서 목사와 교회 청년들이 주축이 되어 3·1운동을 주도하는 등 항일운동을 활발하게 펼쳤습니다. 1942년 4월, 강종근 목사는 신사참배 반대 운동을 주도해 향년 42세로 우리나라 첫 순교자가 됐습니다. 해방 후 공산 치하에서는 교회 종소리가 시끄럽다는 빌미로 인민군에게 종을 뺏기고 예배당조차 몰수당했습니다. 그런 아픔도 잠시, 한국전쟁 시기 아름다운 예배당이 미군기의 무차별적 폭격에 전파[全破]되고 말았습니다.

옛 교회의 고귀한 정신을 회복하자는 운동이 벌어졌고 2013년 10월 29일에야 복원기념예배당이 봉헌될 수 있었습니다. 다시 태어난 철원제일교회에 네 가지 정신을 계승·발전시키고자 하는 다짐이 들어갔는데, 그중 두 번째가 '평화와 화해의 장'이 되는 것입니다. 이 교회를 섬겼던 이복희 전도사 장남 김천욱 교우는 갖은 고초를 겪으며 교회를 지켰던 분입니다. 그날 이렇게 고백했습니다.

"건물의 복원은 철원제일교회가 현재화한 것이요, 이 교회가 목적하는 일들은 미래를 꿈꾸며 나아갈 것이다."

'평화통일'이라는 말만 꺼내도 탄압받던 군사정권 시절, 교회협이 힘겹게 준비해 1988년 2월 채택한 '민족의 통일과 평화에 대한 한국기독교회 선언'은 통일 운동의 물꼬를 트는데 결정적으로 기여했습니다. 한반도 평화를 위해 세계 교회가 기도하게 했을 뿐 아니라 1991년 발표한 남북기본합의서에도 상당 부분이 반영되었다고 평가합니다.

지금은 민족통일에 대한 한국 교회의 관심이 많이 떨어졌지만, 철원제일교회가 눈물을 흘리며 뿌리는 평화의 씨앗은 마침내 아름답게 결실할 것입니다. 2018.01

청란교회

"나는 배웠다. 모든 시간이 정지되었다. 일상이 사라졌다. 만나야
할 사람을 만나지 못한다. 만나도 경계부터 해야 한다. (중략)
비로소 나는 일상이 기적이라는 것을 배웠다. (중략) 죽음이 영원히
3인칭일 수만은 없다는 것을, 언젠가는 내게도 닥칠 수 있는,
그래서 언제나 준비되어 있어야만 하는 것이 죽음인 것을 배웠다."

    2020년 초 많이 회자된 하이패밀리 대표 송길원 목사(청란교회)의
글입니다. 이 글이 코로나19로 혼란을 겪는 이들에게 자기성찰의
선물이 되었는데 저에게는 다른 선물도 있었습니다.
    송 목사의 초대로 아내와 함께 경기도 양평 종합가정치유센터
'하이패밀리'를 방문하여 환대받은 것입니다. '행복 전도사'께서
친절히 안내한 카페, 힐링캠프 온돌방, 동굴 같은 기도실,
와인 창고, 종교개혁 500주년 기념교회 예배당은 의미
있는 스토리를 담고 있었습니다. 그래서 '기독교 문화 공간
W(way·worship·wisdom·wish) story'라고도 부르나 봅니다.

경기도 양평군 서종면
잠실2길 35-55
2016년 설립
대한예수교장로회 고신

2017년 부활절에 봉헌한 종교개혁 500주년 기념교회 설립 취지에 새로운 신앙 공동체의 지향이 잘 담겨 있습니다. 품위 있는 예배당에서 첫눈에 들어온 것은 전면의 십자가상이었습니다. 예수 열두제자를 상징하는 물고기 열두 마리와 성령을 상징하는 비둘기 형상을 가미한 십자가는 널찍한 창문을 배경으로 두드러졌습니다. 태양의 위치에 따라 예배당 벽면에 다양한 십자가상을 연출한다고 합니다. 오르겔바우마이스터 홍성훈 씨가 루터 시대 것을 재현했다는 오르간의 소리가 대단했습니다.

　　기념교회 흰색 외벽에 부조된 예수님과 아이들이 강강술래하며 즐거워하는 모습은 이곳의 지향을 잘 보여 주었습니다. 종교개혁 500주년을 상징하는 50개 계단 아래에 기독교 초기부터 영적 수행을 위한, 기도하며 걷는 미로 '라브린스'(Labyrinth)가 있었고, 부활과 생명, 희망을 상징하는 달걀 모양의 청란교회(Capella Ovi, 계란의 교회)가 매혹적으로 서 있었습니다. 청란교회는 건축물에 한국 교회의 낡은 틀을 깨고 다시 태어나자는 의지를 담았을 것입니다.

　　작은 예배당에 들어가자, 창문으로 쏟아지는 빛은 하나님 은총의 임재 같았고, 둥그런 공간이 어머니의 자궁 같아서인지 주님의 품에 안긴 듯 평안했습니다. 높이 9.7m, 바닥 5평, 나무 벽의 둥근 공간, 공들인 작품인 초소형 파이프오르간이 설치되어 있었습니다. 지하에는 세계적인 예술가가 타조알로 제작한 지극히 아름다운 나전칠기 공예 작품들이 전시되어 있었습니다.

　　송길원 목사는 글 마지막에 "나는 배웠다. 가장 큰 바이러스는 사스도 코로나도 아닌 내 마음을 늙고 병들게 하는 절망의 바이러스라는 것을. 나는 배워야 한다. 아파도 웃어야만 이길 수 있다는 것을. 아니 그게 진정한 인간승리임을. 나는 기도한다. 마지막에 웃는 자가 되게 해 달라고."라고 썼습니다. 2020.05

한서교회

1915년 남감리회 본처 전도사가 된 한서 남궁억은 서울에서 독립운동가로 살아갈 수 없게 되자 1918년 선친의 고향 모곡리(보리울)로 낙향했습니다. 1919년 사재를 털어 기와집 모곡 예배당을 세우고 토요일이면 마을을 돌며 "내일은 주일이니 교회로 나오시게." 하면서 전도하자, 곧 예배당이 비좁아 바깥마당에 멍석을 펴고 예배했습니다. 민족교육의 실천으로 4년제 '모곡여학당'을 비롯 6년제 모곡학교를 설립해 12회 졸업생까지 배출합니다.

   한서가 직접 작사·작곡한 구국의 심정을 담은 사상가들은 전국 각지로 퍼져 애창곡이 되었고, 오늘날에도 부르는 찬송 〈일하러 가세〉도 있습니다. 노동 정신을 강조해 실습 시간에는 무궁화와 뽕나무 묘포 작업, 도로 수선, 새끼 꼬기, 가마니 짜기 등으로 생활 농촌 교육을 실시했습니다. 독서회, 토론회, 웅변대회, 학예회를 열었으며, 생활 신앙에 철저해 인간 차별의 악습을 없애려고 누구에게나 깍듯이 경어를 썼다고 합니다. 그가 쓴 역사책

강원도 홍천군 서면
한서로 677
1919년 설립
기독교대한감리회

『동사략』, 『조선 이야기사』는 제자들이 먹지로 복사하고, 원근 각처 사립학교에서 구입해 다시 복사하는 것으로 일경[日警]의 눈을 피해 학생들을 가르치는 데 쓰였습니다.

한서는 무궁화에서 우리 민족의 끈기와 지조, 번영을 찾을 수 있다고 보고, 일찍이 무궁화 나라꽃 운동을 펼쳤습니다. 무궁화 묘목을 전국 교회와 사립학교로 보내는 운동을 전개해 구속되기까지 10년 동안 무려 30만 그루를 각지로 보급하며 민족혼 고취에 힘 쏟았습니다. 눈엣가시로 여기던 홍천경찰서 일경들은 1933년 11월 들이닥쳐 선생을 연행하고 마을 청년들 집을 수색해 기독교대한감리회 춘천 선교부를 중심으로 일어난 기독교 사회주의 운동으로 결성된 십자가당 기록을 입수하고 마을 청년들까지 연행했습니다. 이 조직과 한서가 주도한 애국 독립운동을 엮기 위해 고문을 자행했지만, 한서는 평소 공산주의 한계와 문제를 정확하게 인지하고 반대했기에 대부분 청년이 석방됩니다. 그러나 한서는 보안법 위반 혐의로 투옥되었고, 1935년 가을 병보석으로 나왔습니다. 연로한 한서는 심한 후유증으로 고생하다가 1939년 4월 5일 77세 일기로 별세했습니다.

동상이 서 있는 '한서남궁억기념관'에는 다양한 자료가 전시돼 있었고, 전통 한옥으로 2004년 복원한 모곡교회당에는 낡은 풍금이 긴 역사를 증언하고 있었습니다. 한서가 갖은 고문과 협박, 회유에 넘어가지 않고 지조를 지킬 수 있었던 것은 타고난 심성과 불굴의 정신 덕분이요, 그가 위로받고 새 힘을 얻을 수 있었던 것은 철저한 십자가 신앙 때문이었습니다.

옛 모곡교회 오른쪽에는 1998년 감리회 동부연회가 봉헌한 한서기념예배당이 있습니다. 이전에 교회 갱신과 민주화운동을 같이 했던 현재호 목사는 1995년에 부임하여, 교우들과 함께 각별한 수고로 한서교회 과거 역사를 기리고 새날을 열어가고 있습니다. 2019.03

3부

충청도와 전라도

강경성결교회

히틀러 암살 계획 참여로 감옥에 갇힌 본회퍼 목사에게 동료 수감자가 "어떻게 그리스도인이요, 목사인 자가 생명을 노리는 음모에 참여할 수 있는가?"라고 묻자 그는 "만일 어떤 미친 사람이 베를린 번화가에서 자동차를 인도로 몬다면, 나는 목사로서 그 차에 희생된 사람들의 장례나 치러 주고, 유족들을 위로나 해 줄 수는 없습니다. 나는 자동차에 뛰어올라 그 미친 운전사에게서 핸들을 빼앗아야 합니다."라고 대답했습니다.

 1919년 3월 12일, 일제 경제 침략의 폐해를 직접 겪고 있었던 강경주민들은 논산에서 일어난 만세운동에 적극 호응해 100여 명이 시위를 벌였습니다. 3월 21일 장날, 1,000여 명이 대규모 시위를 벌였는데 그 거점은 옥녀봉이었습니다. 이때 근처에서 강경교회 새 자리를 답사하던 동양선교회 영국인 토마스 선교사가 일제 경찰에게 구타당해 중상을 당합니다. 선교사가 여행 증명서를 보여 줬는데도 무자비하게 폭행·연행한 이 사건은 영국·일본의 외교 문제로 번졌고 영국 공사는 긴 소송 끝에 총독부로부터

충청남도 논산시 강경읍
계백로219번길 40-1
1918년 설립
기독교대한성결교회

사과와 배상을 받아냈습니다. 배상금 5만 달러는 북옥리에 새 예배당을 짓는 기금이 됐지만, 본국에 돌아간 토마스 선교사는 구타 후유증으로 끝내 숨을 거뒀습니다.

1924년, 일제가 자존심과 민족의식을 훼손할 목적으로 3·1운동의 현장이었던 옥녀봉에 신사를 세우고 강경공립보통학교 학생들을 이 신사에서 참배하도록 했을 때, 강경성결교회 주일학교 김복희 선생과 학생 60여 명은 참배를 거부했습니다. 최초의 신사참배 거부 운동으로, 3·1운동 직후 항일 비밀조직 '애국부인회'의 결사 대장으로 옥고를 치른 백신영 전도사가 1922년부터 강경교회에 부임해 가르쳐 온 결실이었습니다. 1925년 3월 주일학교 윤판석 학생을 중심으로 일본 역사교육에 대한 항거가 일어났고, 1943년 6월에는 "천황도 심판받는다."고 설교한 이헌영 목사가 구타·수감당하고 교회가 잠시 폐쇄되었습니다. 일련의 저항 사건들은 강경주민들이 교회를 우호적으로 인식하게 하여 교회가 크게 부흥하는 데 튼실한 그루터기가 됐습니다.

강경성결교회는 1918년 김달성 전도사가 개척하여 1930년대 충남의 대표 성결교회가 됐습니다. 이인범 전도사가 설계한 한식 목조 양식의 예배당은 1924년 완공됐고, 2002년 9월 등록 문화재 42호로 지정됐습니다. 정사각형 36평짜리 예배당 구조는 단순미를 잘 드러냅니다. 예배당 왼쪽의 "강경성결교회 환원소사"라는 특이한 기념비는 감리회로 넘어간 예배당 소유권을 옛 예배당 환원 운동으로 되찾은 일을 기념합니다. 2012년 12월 20일에 하나님 앞에서 환원 예배를 드렸다고 적혀 있습니다.

본회퍼 목사를 기억하며 시장만능주의, 혐오와 배제의 사회와 싸운다면, 비로소 교회의 존재 이유가 명확해질 것입니다. 2021.02

거산교회

청명한 2020년 10월, 모처럼 교회 사진을 찍기 위해 고향(충남 당진시 송산면)에서 가까운 당진시 신평면의 거산교회를 방문했습니다. 동아리 후배 김남철 목사(호산나교회)가 당진버스터미널에서 승용차로 저를 안내했습니다. 거산교회(이동일 목사)는 인터넷에서 본 것보다 규모가 크고 걸출했습니다. 무엇보다 여러 부속건물은 좋은 질감의 벽돌로 공들여 제대로 지었다는 느낌을 주었습니다. 큰 건물을 지어 여러 공간으로 사용하지 않고, 용도별로 건물을 지었으며 건물명이 따로 있었습니다. 조경도 잘되어 있고, 야외공연장 잔디밭이 아침 햇살에 화사하게 빛났습니다. 외진 동네에 이런 교회당이 있다니 감탄하지 않을 수 없었습니다.

　이덕주 감리교신학대학교 명예교수는 저서에서 충청도 교회 목회자들의 신앙을 '선비신앙'이라고 표현했습니다.

"'충청도 선비'는 추하고 살벌한 세속정치 현장에서 어느 한쪽에 휩쓸리거나 치우치지 않는 균형과 중용의 미덕을 뜻하는 긍정적

충청남도 당진시 신평면
중말길 38
1910년 설립
기독교대한감리회

의미를 지닌다. 내가 신석구 목사님을 비롯한 충청도 출신 목회자와 교인들에게서 읽은 것이 이런 선비정신이 녹아들어 있는 '선비신앙'이다. 오늘 한국 사회와 교회가 풀어 가야 할 동서 지역갈등의 양대 축인 영남과 호남, 그 가운데 위치한 충청도에서 얻을 지혜는 양보와 희생을 바탕으로 조화와 공존을 추구하는 '선비신앙'이 아닐까?"[20]

1910년, 서울에서 낙향한 이신애 권사가 자기 집에서 시작한 기도회로 거산교회가 세워졌습니다. 이 권사가 보여 준 전도·교육·봉사의 희생정신으로 교회는 당진시 신평면 일대에 복음의 기초를 놓았습니다. 여성이 극도로 차별받던 시대였지만, 균형과 중용의 미덕을 간직한 '선비신앙'으로 지역 주민들에게 선한 영향력을 끼친 것입니다.

제 모교 송산초등학교는 거기서 멀지 않았습니다. 봄 되면 담임 선생님 인솔을 받아 단체로 손발의 겨울 때를 벗기던 시냇물은 보이지도 않고, 당진산업단지의 직장인들로 학생들이 늘었는지 증축하고 있었습니다. 운동장에 잔디가 고르게 깔린 것보다 더 낯선 점은 달리기할 땐 한없이 멀기만 했던 운동장이 이제 보니 너무 작다는 사실이었습니다. 거대했던 플라타너스 대신 서 있는 느티나무들도 거목이 된 것을 보며 어느덧 55년이 흘렀다는 것을 실감했습니다. 봄이면 흐드러지게 꽃을 피우던 학교와 면사무소 둘레의 벚나무들도 온데간데없었습니다.

거산교회는 지난 110년 동안 환대하는 신앙 공동체로 존재한 까닭에 외진 땅에서도 유구한 역사를 품었습니다. 앞으로도 거산교회가 '오늘의 초대 교회'라는 2020년 목회 계획대로 모든 그리스도인이 믿음의 고향으로 삼는 초대 교회 정신을 오롯이 이어받으면, 산업단지로 변화한 당진에서 더욱 단단한 믿음의 뿌리로 자리 잡을 것입니다. 2020.10

군산복음교회

2020년 3월 3일, 대구경북기독인연대의 성공회 박용성 부제가 보낸 글이 '용서와화해기도모임' 단톡방에 떴습니다.

"저희가 현장에서 파악한 결과 노숙인, 쪽방 사람들, 독거노인, 장애인, 이주 노동자 등 시간이 지날수록 더욱 힘들어질 거예요. 시민들 몇몇 분들이 나섰고, 이제 대구 기독교인들도 나서기 시작했습니다. 우리 또한 할 수 있는 게 크지 않지만 할 수 있는 만큼은 할 계획입니다. 생필품, 마스크, 세정제, 방진복, 도시락, 반찬, 라면, 컵밥 등 긴급하게 지원하기 시작했습니다. (중략) 공감게스트하우스에서 한 달 동안 먹고 자고 일합니다."

모임 기금과 공감한 회원들의 후원금을 합쳐 대구로 보냈습니다. 군산복음교회 김상길 목사가 보낸 사진은 코로나19로 힘든 이들을 응원하는 현수막이 걸린 교회 전경이었습니다. 예레미야 29장 11절이 적힌 현수막은 이웃사랑의 의지입니다.

전라북도 군산시 둔율1길 6
1936년 설립
기독교대한복음교회

이는 "군산복음교회는 예수 그리스도의 복음과 하나님 나라의 선포라는 선교적 사명에 충실하며 이웃과의 나눔과 섬김을 실천하는 건강한 교회입니다."라는 교회 안내문을 실천한 것입니다. 1935년 최태용 목사가 만든 기독교조선복음교회 설립 청원서 '설립 취지문'에 이 믿음 실천의 그루터기가 있었습니다. 당시 기독교는 진리에서 벗어난 불건전한 종교가 되어가고 있었고, 사람들이 겪는 갖가지 고통에 교계가 아무 대책도 없음을 직시하여 새로운 교회를 추진한다고 했습니다. 민중의 고통을 향한 공감과 연대는 복음교단 창립 때부터 지녔던 입장이었습니다.

군산복음교회는 1936년 12월 6일, 가난한 동네에서 창립되었습니다. 백남용 목사가 시무하며 성령운동을 펼쳤는데 조용술 목사가 새길을 열었습니다. 1972~1990년까지 이곳에서 사역하면서 고달픈 삶을 사는 이들을 위로했습니다. 인문학적 주제로 설교하며 시국 문제를 빼놓지 않았습니다. 외부활동 중에도 새벽기도회와 심방, 학생회 설교까지 감당하여 보수목회자들에게도 인정받았습니다. 외유내강형으로 에큐메니컬운동과 민주화, 통일운동에 매진하면서 꿋꿋하게 살았습니다. 교회협 회장과 인권위원장, 복음교회 총회장 등을 지냈고, 자주평화통일민족회의 상임고문, 민족화해협력범국민협의회 상임고문 등을 감당했습니다. 1977년 설교로 긴급조치 9호 위반으로 구속되기도 했고, 독일 베를린범민족연합남북회의 실무 회담 남측 대표로 활동했다는 이유로 집행유예를 받았습니다. 2004년 11월, 85세로 별세했는데 최태용 목사, 백남용 목사, 지동식 목사에 이어 복음교단을 대표하는 목회자로 인정받았습니다. 그 뒤를 이어 1991~2000년까지 시무한 오충일 목사도 교회연합운동과 민주화운동에서 크게 활약했습니다.

군산복음교회는 2019년에 복음관을 건축하고, 도서관, 어르신들을 위한 쉼터와 카페 등으로 지역사회를 잘 섬기고 있습니다. 2020.03

규암교회

2019년 6월 초, 부여군 규암교회에서 환대를 받았습니다. 연로함에도 예배당을 청소하러 나온 박희준 권사의 소개로 만난 이상덕 담임목사는 『규암교회 100년사』를 주더니, 교회 역사 기념관으로 안내하여 유물들을 살펴볼 수 있었습니다. 작은 가옥인 첫 번째 예배당도 남아 있었습니다. 점심 식사를 같이 하자고 하여 박 권사의 집 안으로 신발을 벗고 들어갈 때, "신을 벗고 올라간다는 것은 발에서 나는 냄새까지 허락하는 관계라고 말할 수 있을 것이다. 이런 원리에서 신을 벗은 방에서 이야기하는 것은 '우리'라는 생각을 더 갖게 한다."[21]는 말이 떠올랐습니다.

   부여가 고향인 친구 임규일 목사(만성교회)가 추천한 수북정, 궁남지, 정림사지 오층석탑을 둘러보았습니다. '백마강'이라고 불리는 유유히 흐르는 금강을 보니, 부여사람 신동엽 시인의 장편 서사시 「금강」을 대학 시절 조심하며 읽던 생각이 났습니다.

   1907년 미국 성결 운동 계열 동양선교회(Oriental Missionary Society)가 도쿄에서 운영하던 성서학원을 졸업한 김상준과 정빈이

충청남도 부여군
규암면 자온로 41
1912년 설립
예수교대한성결교회

귀국하여, 중생[重生]을 최고 가치로 여기는 교리를 따라 거리 전도를 했습니다. 1911년 경성성서학원을 개교해 본격적으로 목회자들을 교육했습니다. 1950년 말 세계교회협의회 가입을 둘러싸고 한국 교회가 대립할 때 성결교도 갈등에 휩싸입니다.

『규암교회 100년사』에 따르면 경성성서학원 수양생 박제원이 규암에 내려와 전도하고, 1912년 7월 26일 김성기 씨 집에 모여 예배하면서 교회가 시작됐습니다. 11월 복음 전도관의 가능성을 확인하고자 존 토마스 초대감독이 방문했습니다. 1913년 10월 12일 김상준 전도사와 박제원 전도사가 담임과 부교역자로 부임해 한강 이남 첫 번째 복음 전도관이 됐고, 충청·호남 지역 성결 운동의 거점교회가 됐습니다. 그런데 1942년 6월 일본의 '성결파교회' 교역자 150여 명이 '설교할 때 예수 재림 등 불경적인 언사를 한다.'는 이유로 치안유지법 위반 혐의로 예비 검속을 당하고 예배 중지와 교회 해산 명령이 있었고 전 재산을 몰수당했습니다. 일제는 1943년 12월 29일 성결교회를 해산시켰습니다. 규암교회도 폐쇄 조치됐고, 교인들은 이웃 감리교회에 교적을 옮겨 은밀히 신앙 생활하며 예배하던 중 8월 15일 해방을 맞았습니다.

성결교회는 1945년 9월 첫 주일에 '성결교회 재흥 감사 예배'를 열었습니다. 규암교회도 잃었던 예배당을 되찾아 감격스럽게 예배하기 시작했고, 불굴의 믿음으로 신사참배에 반대해 구속·투옥됐던 김의용 목사를 제12대 담임목사로 청빙했습니다. 한때 교회가 분열하는 아픔을 겪기도 하지만, 박종만 목사 부임 이후 도약하고 안정을 찾습니다. 2012년 교회 창립 100주년 기념 예식을 거행하고 오늘에 이르렀습니다. 2019.07

금산교회

교통의 요지로 북적였던 김제 용화마을에서 조덕삼은 제일 큰 부자였는데, 6세 때 부모를 잃고 경상도 남해를 떠나 멀리 금산까지 온 열일곱 살 이자익을 마부로 삼았습니다. 최의덕(Lewis B. Tate, 1862-1929) 선교사는 조덕삼의 마방에 말을 맡기고 하룻밤을 묵었습니다. 조덕삼이 그에게 "살기 좋다는 당신네 나라를 포기하고 왜 가난한 조선 땅에 왔습니까?"라고 묻자, "오직 하나님의 특별한 사랑 때문입니다."라고 답했습니다. 이에 감동받은 조덕삼은 사랑채를 내주어 예배하도록 했고, 이것이 금산교회의 출발이 됐습니다.

제대로 배우지 못한 이자익이 어깨너머로 배운 천자문을 줄줄 외우자 조덕삼은 아들(조영호)과 함께 생활하도록 배려했습니다. 몇 년 후 조덕삼과 이자익은 함께 금산교회 장로 후보에 올랐습니다. 엄격한 신분 사회에서 주인과 머슴이 경쟁하게 되었는데 투표 결과는 더 놀라웠습니다. 이자익이 장로로 선출된 것입니다. 경악한 교인들 앞에서 조덕삼은 놀라운 발언을 했습니다.

전라북도 김제시 금산면
모악로 407
1905년 설립
대한예수교장로회 합동

"우리 금산교회 성도님들은 참으로 훌륭한 일을 해냈습니다. 저희집에서 일하는 이자익 영수는 저보다 신앙의 열의가 훨씬 높습니다. 대단히 감사합니다."

장로가 된 이자익이 설교할 때면 조덕삼은 바닥에 꿇어앉아 설교를 들었습니다. 집에서는 이자익이 조덕삼을 주인으로 깍듯이 섬겼습니다. 조덕삼은 3년 뒤 비로소 장로가 되었습니다.

조덕삼 장로는 1906년에 유광학교를 설립하여 청소년의 민족의식 교육에 나섰습니다. 이러한 영향으로 금산교회 교인들과 학생들은 1919년 3·1운동에 적극 참여했고, 부친의 뜻을 이어받은 조영호 교장은 일본 경찰에 붙잡혀 곤욕을 치르다 북간도로 가서 독립운동에 가담했습니다.

1915년 이자익은 조덕삼 장로의 적극적인 청빙으로 금산교회 2대 목사로 부임했습니다. 장로회 총회가 1938년 신사참배를 결의하자 그는 친일 세력에 협조하지 않고 목회에만 전념했고, 해방 후 장로교 남부총회 재건 운동에 참여합니다. 그는 대한예수교장로회에서 1924년에 13대 총회장을 지냈고, 33대와 34대에 걸쳐 세 번이나 교회 수장이 될 정도로 존경받는 사표[師表]였습니다. 그는 1952년, 대전신학교를 설립해 가난한 학생들도 목회자가 될 수 있는 길을 열기도 했습니다.

금산교회는 1908년, 조덕삼 장로가 헌납한 땅에 기역 자(ㄱ)형 교회당을 지었습니다. ㄱ자 중심에 강대상이 있고 남녀 교인이 따로 앉는 양 날개가 있으며, 출입문도 양쪽으로 나 있습니다. 이는 당시 엄격한 남녀구분을 고려한 것으로, 기독교 문화가 한국의 유교 문화와 대립하지 않고 토착화했다는 것을 잘 보여 주었습니다. 2018.02

꿈의교회

'모든 신자가 사역자로 섬기는 사랑의 공동체가 되어 세상을 변화시키는 교회'란 꿈을 꾸고 있는 꿈의교회(전 공주침례교회)는 한국의 최초 침례교회 중 하나입니다. 2017년부터 '멀티교회'로 전환했는데, 생소한 개념인 멀티교회는 여러 독립 교회가 각자 담임목사를 두고 독자적으로 행정과 재정을 운영하며 사역을 전개하는 형태입니다. 한 비전과 한 사명을 갖고, 같은 본문으로 동일하게 주일 설교를 합니다. 교회가 대형화하는 것을 막고, 지역을 기반으로 건강한 중소형 교회를 세울 수 있다는 장점을 내세웁니다. 초대 교회를 거울로 삼았습니다.

   한국의 침례교회는 한 소녀의 꿈에서 시작되었습니다. 1896년, 사무엘 씽 집사 외동딸 엘라 씽은 죽음을 직감하면서 자신에게 주어질 유산이 복음을 들어보지 못한 사람들을 위해 쓰이길 원했고, '엘라씽선교회'(Ella Thing Memorial Mission)가 설립되었습니다. 여기서 1895년 한국으로 파송되어 서울에서 복음을 전하던 폴링(Edward Clayton Pauling, 1864-1960)은 서울을 떠나, 공주와 강경에

충청남도 공주시
백제문화로 2148-5
1896년 설립
기독교한국침례회

선교 스테이션을 마련했습니다.

　유교와 양반 문화의 아성[牙城]이라는 지역 특성과 재정적 어려움 때문에 선교의 결실이 없자, 1901년 선교사들은 미국으로 철수하면서 모든 것을 캐나다 독립 선교사 펜윅(Malcolm C. Fenwick. 1863-1936)에게 이양합니다. 그는 충청권 사역을 신명균 목사에게 맡겼고 신명균 목사와 황상필 목사가 사역한 결과, 공주침례교회는 교회 모습을 갖추어 갑니다.[22] 신 목사는 공주를 중심으로 12개 교회를 개척했고, 1903년 2월 공주성경학원(현 한국침례신학대학교)을 설립하여 교단 지도자들을 세우기 시작합니다. 1906년 펜윅은 '대한기독교회'를 창립하여 기틀을 다지지만 1917년 일제의 포고령 거부로 성경학원이 폐교되고, 1944년 5월에는 신사참배 거부로 교회가 폐교되었습니다. 1950년 한국전쟁 때 교회가 인민재판소로 사용되며 다시 폐교되자 많은 이들이 교회를 옮기거나 신앙을 포기했습니다.

　공주침례교회가 어려움에 처하자 안중모 목사는 부흥하던 교회를 떠나 1971년 12월 이곳에 부임합니다. 당시 아이들까지 교인은 27명이 전부였습니다. 1983년 용전동에 새 교회당을 건축하고 교회명을 꿈의교회로 바꾸지만 중소 도시의 지역적 한계로 성장이 답보하자, 안 목사는 젊은 지도자가 새롭게 시작해야 한다는 소신으로 62세에 조기 은퇴를 단행했습니다. 그의 아들 안희묵 목사가 1999년 9월 취임한 후 교회는 건강하게 성장했습니다. 교회 세습이 이슈화하지 않은 때였지만 아쉬움이 남습니다. 2008년 11월 대전 꿈의교회를 개척하고 멀티교회로 첫걸음을 뗐습니다. 현재 꿈의교회 공동체는 6개 멀티교회(공주, 대전, 세종교회, 글로리채플교회, 비전선교회교회, 글로벌꿈의교회)가 되어 안희묵 목사가 대표목사로 섬기고 있습니다. 2020.01

단양감리교회

2019년 11월에 방문한 단양감리교회는 11개 교회와 2개 기관을 후원하고 있었습니다. 작은 공동체지만 지역사회와 상생하려고 애쓰고 있는 것입니다. 단양감리교회는 1913년 5월 9일 설립되었습니다. 개신교와 천주교를 넘나들며 강연하고 글을 쓰고 있는 이현주 목사가 이 교회 출신입니다. 그의 저서에 어머니에 대한 이야기가 나옵니다.

"어머니는 외지에 나가 관리 생활을 하는 남편과 떨어져 시골 본가(충북 중원군)에서 시부모를 모시고 시집살이를 하던 1948년 4월 어느 날 밤, 잠을 청하다가 생전 들어보지 못한 이상한 노래가 들려와서 가 봤더니 아랫집 사랑방에서 흘러나오고 있었습니다. 어머니는 새댁의 몸으로 낯선 남자에게, 그것도 어둔 밤에 노래를 가르쳐 달라고 하여 권서인이 가르쳐 준 찬송가가 〈태산을 넘어 험곡에 가도〉였습니다. 그때 어머니는 예수를 만났고, 어머니는 남편의 근무지였던 단양으로 가서 단양감리교회 예배당에 첫발을

충청북도 단양군 단양읍
도전9가길 9
1913년 설립
기독교대한감리회

들여놓았고 모든 집회에 빠지지 않고 출석했습니다. 아버지가 열두 살 되던 해에 결핵으로 세상을 떠나, 35세에 청상과부가 된 어머니는 아들 셋, 딸 하나를 혼자 힘으로 온갖 궂은일을 하며 양육했습니다."[23]

진실한 어머니의 신앙은 연약한 이들을 돌보시는 하나님의 은총을 매개하여, 이현주 목사와 은퇴한 교회사가 이덕주 교수를 키운 것입니다.
이현주 목사의 이런 시가 있습니다.

고마운 징검다리 / 나로 하여금 / 물에 빠지지 않고
물을 건너게 하는 / 고마운 징검다리
나로 하여금 / 물에 빠지지 않고 / 물을 건너게 하면서
저는 언제나 물에 / 빠져 있는 징검다리
너의 나의 고마운 / 징검다리
- 이현주, 「징검다리」

단양감리교회는 106년간 녹록지 않은 시대에 여러 인생을 떠받치는 징검다리가 되었습니다. 예수께서 구원과 해방의 복음을 전하고 십자가에서 하늘과 땅을 잇는 생명과 평화의 징검다리가 되셨듯이 말입니다. 원래 저 아랫마을에 있다가 충주댐 건설로 마을이 수몰되는 바람에 지금의 터전으로 이전했습니다. 마당에는 성탄을 상징하는 소박한 소품들이 있었습니다. 가난한 이들에게 희망의 빛이 되신 예수처럼, 지역의 교회들이 죽음이 짙게 드리워진 곤고한 곳마다 생명의 기운을 불어넣기를 소망합니다. 2019.12

대전제일교회

"그리스도인은 자기 안에 살지 않고, 그리스도 안에서 그리고 이웃 안에서 산다. 그렇지 않으면 그리스도인이 아니다. 그리스도인은 믿음으로 그리스도 안에서 살며, 사랑으로 이웃 안에서 산다. 믿음에 의해 그는 자신을 넘어 하나님께로 들려 올려진다. 사랑에 의해 그는 다시 자기를 낮추고 하나님으로부터 이웃을 향해 나아간다."[24]

동대전교회에서 2019년 3월 열린 '대전목회자 기독교 고전 읽기'에서 강사 최주훈 목사(중앙루터교회)가 『루터 선집5』를 인용한 글에서 그리스도인의 정체성과 교회의 본질을 통찰할 수 있었습니다.

대전제일교회와 같은 치솟는 탑을 가진 고딕 교회는 거대하고 웅장하며 화려한 만큼 엄청난 인력과 시간, 재정이 필요했습니다. 권한과 권위가 확장된 교황이 부와 힘의 중심이 되었던 까닭에 고딕 건축이 가능했습니다. 또 새로운 건축 재료와 기술로

대전광역시 서구 둔산남로 4
1908년 설립
기독교대한감리회

벽을 해체해 스테인드글라스로 대체할 수 있었고, 예배 공간에 신비한 빛을 끌어들여 교회와 미사의 신비를 강조했습니다. 그래서 고딕 교회는 교황 중심의 위계적 조직, 성직자 중심주의, 성례전 중심의 미사 그리고 당시 유럽인들의 신비주의적 신앙 태도를 반영했습니다. 그러나 20세기에 들어서 새로운 교회 건축을 추구하기 시작한 것은 교인이 참여하는 교회, 세상을 섬기는 교회로 바꿨으며 사회를 향해 열린 교회로 변화됐기 때문입니다. 예배는 회중이 하나님 앞에서 평등한 자격으로 참여하는 예배가 되었고, 성례전 예배가 말씀 중심 예배 또는 말씀과 성만찬이 균형 잡힌 예배가 되었습니다.

 일제시대 대전지역 기독교는 왜소했습니다. 해방 후 교회와 교인 수가 급증했고, 미국 선교사들이 설립한 많은 학교(목원대, 한국침례신학대, 배재대, 한남대 등)와 사회봉사 기관들(기독교연합봉사회 등)이 지역사회에 큰 영향을 끼쳤습니다.

 대전제일교회는 사애리시(Alice Hammond Sharp, 1871-1972) 선교사가 매입한 임시 건물에서 1908년 시작되었습니다. 1950년 한국전쟁 때 예배당이 소실되어 1958년 예배당을 원동에 준공했고, 둔산동으로 이전한 뒤 2001년에 현 고딕 예배당을 건축했습니다.

"도시 속에서 교회는 도시의 중심 광장에 면하여 하늘로 치솟은 첨탑을 가지고 우뚝 서 있음으로써, 세속의 위치적 중심이며 동시에 인간과 하늘을 잇는 도시의 유일한 통로로서의 상징성을 나타내었다."[25]

 천국을 향한 열망을 하늘을 향해 솟아오른 고딕 양식으로 표현한 것처럼 대전제일교회가 믿음으로 하늘로 한껏 치솟았으니 이 척박한 시대에 큰 사랑으로 가난하고 고달픈 이웃 속으로 깊숙이 들어가길 기대합니다. 2019.04

세 양림교회

광주광역시 남구 양림동
1904년 설립

•
대한예수교장로회 통합
광주광역시 남구
백서로70번길 2

••
대한예수교장로회 합동
광주광역시 남구 백서로 73

•••
한국기독교장로회
광주광역시 남구
3·1만세운동길 10

구한말 전라남도 광주 양림동의 유림[儒林]들은 개방적이었습니다. 덕분에 신문화를 적극적으로 받아들여 뛰어난 문화 예술인을 많이 배출했습니다. 이곳에 배유지(Eugene Bell, 1868-1925) 선교사에게 뿌리를 두고 있는 세 양림교회가 있습니다. 교회명은 같지만 1953년, 1961년 두 차례에 걸친 장로교 분열로 인해 소속 총회가 다릅니다.

대한예수교장로회 통합에 속한 양림교회 예배당은 고색창연한 벽돌 건물입니다. 반면 대한예수교장로회 합동에 속한 양림교회 예배당은 현대식으로 건축됐습니다. 한국기독교장로회에 속한 양림교회 예배당은 언덕에 성처럼 서 있습니다. 1997년부터 매년 10월 세 양림교회가 돌아가며 연합 찬양 예배를 열고, 세 교회의 목회자가 교류하여 서로 다른 교회에서 설교합니다. 또 봄가을에는 세 교회 장년부가 함께 양림동 선교사 묘역을 돌본다고 합니다. 분열의 역사를 넘어 공존하는 아름다운 모습입니다.

예장통합 양림교회 마당에 오웬기념각이 있는데, 의사였던

대한예수교장로회 통합

대한예수교장로회 합동

한국기독교장로회

오기원(Clement C. Owen, 1867-1909) 선교사를 기념하며 세운 이곳에서 광주 역사상 처음으로 오페라, 독창회, 연극 등의 문화행사가 열렸습니다.

양림동 호남신학대학교에는 "당신들은 죽음으로써 살았습니다"라고 적힌 선교사 묘역이 있습니다. 여기 묻힌 스물두 분은 교육·의료·사회봉사뿐 아니라 독립운동과 5·18민주화운동의 증인이었습니다. '조선의 테레사'로 불렸던 서서평(Elisabeth Johanna Shepping, 1880-1934) 선교사는 한일장신대학교를 세우고 여전도회를 조직했으며, 대한간호협회를 창립해 국제간호협의회에 가입하게 했습니다. 그녀가 풍토병과 영양실조로 세상을 떠날 때, 침실에는 반쪽짜리 담요와 동전 몇 개 그리고 강냉이 두 홉이 남아 있었다고 합니다. 광주 최초의 시민장으로 거행한 장례식에 수많은 한센병자와 가난한 사람들이 참석해 그녀의 마지막 길을 애달파했습니다.

양림동 거리 건물 벽에 있는 '최후의 만찬-양림'이라는 대리석 조각은 양림동이 낳은 인물들을 재조명하려고 미켈란젤로의 그림을 본떠 만든 작품입니다. '빈민운동의 아버지' 최흥종 목사는 보위렴(Wiley H. Forsythe, 1873-1918) 선교사의 지극한 사랑에 감동받아 한센병자들의 친구이자 아버지가 되었습니다. 그 후 3·1운동을 주도해 옥살이를 하였으며, 광주YMCA를 세우고 여수 애양원, 소록도 자혜의원에서 작은 예수로 살았습니다. 조아라 여사는 광주학생항일운동을 벌였고, 광주YWCA를 섬기다가 5·18민주화운동 수습대책위원으로 활동하면서 옥살이를 했습니다. 그리고 중국에서 항일투쟁하면서 작곡 활동을 했던 '중국 3대 음악가'로 불리는 정율성 선생, 고독의 시인 김현승(아버지 김창국 목사는 양림교회 목사 역임), 배유지, 서서평 등 열두 명이 예수를 둘러싸고 있습니다. 이분들의 사회적 영성이 광주를 예향과 민주주의의 성지로 태어나게 한 뿌리가 아닐까 싶습니다. 2017.12

순천중앙교회

전라남도 순천시
서문성터길 20
1907년 설립
대한예수교장로회 통합

해방신학은 1960~1970년대 남미에서 군부독재의 억압과 불평등으로 고통당하던 민중의 입장에서 주창한 신학으로 로마교황청과 갈등을 빚기도 했는데, 2013년 프란치스코 교종의 즉위로 새롭게 인식되고 있습니다. 여전히 억압·차별받는 이들이 현존하고 불평등이 심화하는 상황인지라 해방신학은 여전히 유효합니다.

요즘 순천중앙교회가 주목받는 것은 해방신학자 홍인식 목사가 창의적 목회로 새길을 열고 있는 까닭입니다. 2016년 4월, 홍인식 목사가 부임하고 교회가 크게 달라지기 시작했습니다. 담임목사는 자기 연봉을 깎고 부교역자들 급여를 올려 줄 것을 제안했으며, 고급 승용차를 사양하고 중형차로 바꾸었는데 일부 귀족화한 중형교회 목사와 사뭇 달랐습니다. 보통 담임목사로 부임하면 장로들이나 유력한 교인들을 심방하는데, 먼저 병들고 가난한 이들을 찾아다니며 위로했으며, 심방 시 1만 원이 넘는 식사를 사양하겠다고 선언했습니다. 약하고 가난한 이들 관점에서 성경을 해석해 공감이 큰 설교를 하고 청년들과 같이 공부했습니다. 사회선교사를 세워 광양의 다문화 가정과 이주 노동자들을 돌보게 했고, 작은 교회 목회자들을 위한 세미나를 열고, 양복에 세월호의 노란 리본 배지를 달고 명성교회 부자세습 반대에도 앞장섰습니다. 그 결과 교인들이 행복해하며, 분란이 심했던 교회가 새롭게 생기를 찾아가고 있다고 합니다.

홍 목사는 가난한 가족들과 파라과이로 이민가서 고학하며 명문 국립대 경영학과에서 개인적인 성공을 꿈꾸었습니다. 그러던 대학 2학년, 해방신학자 구티에레즈의 『해방신학』[26]을 읽고 삶의 방향이 바뀌었습니다. 한국에서 장로회신학대학교 신학대학원을 졸업하고 목사가 된 후, 남미 선교사로 파송되어 부에노스아이레스의 신성교회 등에서 목회했고, 아르헨티나 연합신학대학교에서 호세 미게스 보니노 지도로 박사학위를 받았습니다. 가난하고 불편한 쿠바신학교에서 4년간 학생들을 가르쳤고, 이후 강남 현대교회와 열악한 멕시코장로회신학교에서 목회한 후 순천중앙교회 담임목사로 부임한 것입니다.

순천읍교회(순천중앙교회 전신)는 1907년 4월 15일에 출발한 순천 지방 첫 교회입니다. 한국인이 자발적으로 세운 교회에 초대 담임목사로 부임한 변요한(John F. Preston, 1875-1975)은 1910년 매산학교를 세워 순천에 복음이 풍요롭게 뿌리내리게 했습니다. 1920년에는 한국 최초의 목사 7명 중 한 분으로 제주도에 첫 복음의 씨를 뿌린 이기풍 목사가 3대 담임목사로 부임했는데, 신사참배를 거부하다 감옥에서 순교했습니다. 7대 담임 박용희 목사가 독립운동을 하다 투옥되기도 하는 등 교회는 항일운동의 중심이었습니다. 한국 교회에 돌파구가 요구되는 시점에서 순천중앙교회가 훌륭한 대안이 되길 바랍니다. 2018.12

양동교회

2018년 4월, 한국기독학생회총연맹에서 민주화운동을 했던 이들이 목포에서 역사 인문 기행을 할 때 등록문화재 제114호 양동교회가 돋보였습니다. 목포가 개항하던 1898년 배유지 선교사에 의해 설립되는데 교인들이 유달산에서 날라 온 응회암으로 축조한 아름다운 석조건물입니다. 오기원 선교사는 프렌치병원, 서여사(Fredrica E. Straeffer) 여선교사는 영흥학교와 정명여학교를 세워 근대교육을 시작했고, 양동교회는 호남선교의 산파역을 하며, 신문화운동과 민족해방운동을 견인하는 구심체였습니다.

1909년에 부임한 윤식명 목사는 자립교회 체계를 갖추었습니다. 가난한 교인들이 자발적으로 헌금하여 1911년에 완공한 500명을 수용할 수 있는 큰 예배당에 1929년 1,000명이 출석했습니다. 당시 5,000명에 불과했던 목포 인구 5분의 1이 출석한 것입니다.

목포 3·1운동에서 이경필 목사와 교인들이 주도적이었는데, 민족교육의 결과는 영흥학교와 정명여학교 등을 중심으로 1919년 4월 8일에 일어난 만세 시위에서 드러났습니다. 계속된 시위로

전라남도 목포시 호남로 15
1898년 설립
한국기독교장로회

200여 명이 검거되고 담임목사 등 100여 명이 구속됐습니다.

1926년 부임한 박연세 목사는 일본과 천황을 비판하는 설교를 한 혐의로 체포되어 목포경찰서에 수감되었습니다. 1년 형을 확정받고 대구형무소로 이감되어 복역 중 모진 고문 끝에 1944년 2월 두 눈을 부릅뜬 채 동사했습니다. 이남규 목사는 기독교 탄압정책에 맞서 교우들과 함께 투옥됐는데, 해방 후 제헌 국회 의원으로 선출되자 교회를 떠났고, 나중에 초대 전남도지사로 발령을 받았습니다. 공직을 마치고 다시 겸허히 교회를 섬기는 목회자로 돌아왔기에, 그는 민족을 목회한 '목민[牧民]목회자'라는 평가를 받습니다.

석조 예배당의 좌측 문 석재 아치에 '大韓隆熙四年'(대한융희사년)이란 대한제국의 마지막 연호와 태극기 문양이 남아 있습니다. 일제 때 어떻게 태극 문양이 보전되었을까? 등나무 넝쿨이 일본 경찰의 눈을 가린 것입니다. 여성들이 출입하던 우측 문 아치에는 '쥬 강생 일천구백십 년'(주후 1910년)이라는 한글 글씨가 새겨져 있습니다.

현재 양동교회를 시무하는 최병기 목사의 안내로 들어간 1층에는 오래된 유물들이 보관되어 있었고, 지금도 사용하는 2층 예배당은 108년의 세월이 무색할 정도로 온전했습니다. 2017년에는 선교의 빚을 갚는 심정으로 태국의 가난한 동네에 세웠다며 최 목사가 보여 준 교회는 참 단출하고 아름다웠습니다.

이번 제11차 기행에서 목포지역 민주화운동을 잘 알게 되었습니다. 남도의 민족해방운동을 선도한 목포답게 1970~1980년대에 활발하게 민주화운동을 전개했는데. 특히 광주민주화운동 당시 안철 장로, 대학생 박상규(현 광주성광교회 담임목사) 등 교인들은 물론 목회자들까지 적극 참여한 까닭에 당시 교회의 위상이 매우 높았다고 합니다. 2018.05

여올교회

"친애하는 국민 여러분! 저는 적상에 사는 농사꾼의 아들 전일봉이라는 촌놈올씨다. (중략) 이제 우리는 나라 없는 백성이 되어 일본놈들의 종노릇만 하다가 죽어 갈 뿐입니다. (중략) 지금이 바로 그때입니다. 무주 군민 여러분께서 대동단결하여 독립만세를 불러 일본놈들이 이 땅에는 발도 붙이지 못하도록 몰아냅시다. 대한 독립 만세!"

1919년 4월 1일 장날, 전일봉 장로가 무주 장터 한복판에서 절규하며 외친 연설입니다. 4·1 독립운동은 일곱 번에 걸쳐 이어졌고 군민 3,500여 명이 참여했습니다. 그날 군민들은 어떻게 젊은 사람(당시 23세)의 연설에 목숨을 내놓고 호응했을까, 의문의 실마리는 다음 글에서 찾을 수 있었습니다.

"자신이 전달하려는 내용이 의미를 지니기 위해 가장 중요한 요소는 무엇인가? (중략) 첫 번째 장식은 '시의적절성'이다. (중략)

전라북도 무주군 적상면
여용로 70
1901년 설립
대한예수교장로회 통합

수사를 성공적으로 이끌기 위한 두 번째 장식은 '청중 이해'다. (중략) 담론을 효과적으로 주장하기 위한 세 번째 장식은 '적격성'이다. (중략) 네 번째 내공은 '인격'이다."[27]

전일봉 장로는 1896년 늘갓마을 농부 전치삼의 장남으로 태어나 일찍 한학을 공부했습니다. 어려서부터 불의에 대한 강인한 성품을 지녔으며 어려운 사람을 돕는 일을 좋아했습니다. 1916년 여올교회는 삼숭학교를 세우고 민족교육에 앞장섰습니다. 진안, 장수는 물론 멀리 금산에서도 학생들이 몰려왔습니다. 삼숭학교를 운영하며 민족교육에 헌신한 전 장로의 인격이 학생들을 통해 널리 알려져 있었기 때문입니다. 그날 현장에서 체포되어 서울 서대문형무소에서 8개월 동안 복역하면서 많은 고문과 고초를 당했습니다. 석방 후에도 꾸준히 애국 운동을 전개했고 신앙생활도 열심히 했다고 합니다. 매년 4월 1일이면 무주군기독교연합회와 무주군청이 함께 만세운동이 일어났던 무주 장터에서 기념식을 엽니다.

무주의 교회는 1901년 미국 남장로교 마로덕(Luther O. McCutchen, 1875-1960) 선교사가 전주에서 선교하던 중, 이경문과 무주군 무평면 석향마을에서 첫 예배를 열고 돌메기교회를 세움으로 시작되었습니다. 1903년 이상종 등이 적상산 자락에 기도소를 마련하고 신앙생활하다가 1906년 전찬중의 집에서 늘갓교회(1970년 여올교회로 개명)가 설립되었습니다. 교회는 계속 부흥하여 1951년 삼유리교회를 설립하는 등 적상면의 네 교회 중 세 개 교회를 분립 개척했습니다.

여올교회 이요섭 목사는 5년 전에 여올교회에 부임했는데 교회에 대한 긍지가 컸고 선배 신앙인들의 정신을 이어받고자 하는 결의가 오롯하게 느껴졌습니다. 항일독립운동의 산실이었던 여올교회는 지금도 지역사회를 위해 힘쓰고 있습니다. 2020.04

율곡교회

징이 울린다 막이 내렸다 /

오동나무에 전등이 매어 달린 가설 무대

구경꾼이 돌아가고 난 텅 빈 운동장 / 우리는 분이 얼룩진 얼굴로

학교 앞 소줏집에 몰려 술을 마신다 / 답답하고 고달프게 사는

것이 원통하다

(중략) 비료값도 아 나오는 농사 따위야 /

아예 여편네에게나 맡겨 두고

쇠전을 거쳐 도수장 앞에 와 돌 때 / 우리는 점점 신명이 난다

한 다리를 들고 날나리를 불거나 / 고갯짓을 하고 어깨를

흔들거나

— 신경림, 「농무農舞」 부분

전라북도 완주군 고산면
고산천로 401-6
1906년 설립
한국기독교장로회

   가을 햇살이 눈부신 날, 누렇게 물든 농촌 들판을 달리니 시 「농무」가 떠올랐습니다. 영등포산업선교회에서 일하던 1980년대, 강당에서 열린 농민운동단체의 집회에서 농촌문제를 접할 수

있었습니다.

여태권 목사가 1984년 율곡교회에 부임했을 때, 고산마을은 대부분 소농이라 모두 떠날 궁리만 하고 있었습니다. 농촌이 살 만한 곳이 되어야 교회도 존재할 수 있다는 생각에, 여 목사는 교우들과 함께 농민들이 잘살 수 있는 길을 찾아 나섰고, 소를 키우기로 결정하여 쌀농사를 유기농법으로 바꾸기 시작했습니다. 마을 사람들의 반대와 실패를 거듭한 끝에 고산면은 대표적인 유기농업 지역이 되었고, 유기 농산물에서 나온 쌀겨, 밀기울, 짚 등을 끓여 만든 여물로 키운 쇠고기를 한우영농조합을 통해 출하해 호평을 받습니다. 한우 고기 직판장과 식당을 운영하여 크게 성공하지만, 동네 사람들이 돈 때문에 싸우고 등 돌리는 모습을 보고 장사 잘되던 식당을 접었습니다.

한국기독교장로회 율곡교회는 1906년 장덕선 씨의 집에 모여 예배하면서 창립되었습니다. 역대 담임 교역자들은 대부분 전도사일 정도로 열악한 농촌교회였습니다. 1984년 부임한 여태권 목사가 31년간 마을과 교회를 생명이 넘치는 곳으로 세우고 은퇴했고, 2015년 3월 최용기 목사가 후임으로 부임하여 잘 이어 가고 있습니다. 2017년, 42년 만에 새로 건축한 교회는 소박하고 알뜰한 느낌을 주었습니다. 2층 예배당 전면에 이런 글귀가 적혀 있습니다.

"율곡교회는 사랑과 평화의 공동체입니다. 하나님을 정성껏 예배하며, 예배하는 마음으로 세상을 살아가며, 다른 이를 하나님의 자녀로 여기며, 다른 존재를 하나님의 창조물로 소중히 대하고 축복합니다."

지금 150여 명의 장년이 출석한다고 하니 농촌의 큰 교회라고 할 수 있습니다. 교회

입구에 "씨앗의 주인은 농민이다"라는 글판이 걸려 있습니다. 교회 마당에 있는 유치원, 고산 지역 아동 센터, 친환경 농산물 판매장, 노인 일자리 작업장인 완주시니어클럽 건물들이 지역사회와 더불어 살아가는 교회다운 모습입니다. 아쉽게도 여태권 목사와 최용기 목사를 만나지 못하고 발길을 돌렸습니다. 2019.11

전주서문교회

2018년 10월 화창한 가을, 교회 주차장을 가로질러 우람한 종탑을 지나 정문 앞에 서니 걸출한 벽돌 건축물이 눈에 들어왔습니다. 고풍스런 종각에서 예배당을 바라볼 때, 이정구 교수의 말이 실감 났습니다.

"교회 건축물과 세속적인 건축물과의 차별성은 무엇보다도 인간의 영성이 촉발하도록 설계된 양식과 공간인 것이다."[28]

1893년 미남장로교 이눌서(William David Reynolds, 1867-1951) 선교사가 파송한 정해원 씨가 복음전파를 시작하면서 호남 첫 교회인 전주서문교회가 출발했습니다. 주체적인 복음 수용과 전도 활동이 구현되었고 초기 선교모델인 교회-학교-병원 사역이 충실히 성취되어 1897년 예수병원, 1900년 신흥학교, 1902년 기전여학교가 세워졌고, 선교사 묘역도 조성되었습니다.

일제강점기에 교회를 빛낸 분은 김인전 목사와 배은희

전라북도 전주시 완산구
전주천동로 220
1893년 설립
대한예수교장로회 합동

목사입니다. 1914년 김인전 목사는 전주 지역의 3·1운동을 총지휘한 후 상해임시정부에서 의정원 의장을 맡았습니다. 1921년 부임한 배은희 목사는 평양신학교 만세운동을 주도했고, 부임 후 교육과 농촌부흥운동에 힘쓰며 신간회 전주지부장을 했고, 해방 후 1946년에 예장 총회장으로 헌신했습니다.

평신도 거목들 중 방애인 선생은 몸 사리지 않고 고아들을 돌보다가 장질부사에 걸려 1933년에 별세했을 때 전주 역사상 초유의 '여성장'으로 모셨습니다. 현재명 선생은 찬양대에서 헌신했습니다. 서문교회는 남문밖교회, 전주완산교회 등 10개 이상의 교회를 분립 개척했습니다.

김정철 선생은 여기 전주서문교회 외에 인천국제공항, 월드컵 상암경기장, 청와대 본관, 인천제일교회, 연세대학교 100주년기념관, 기독교순교자기념관 등을 건축했습니다. 전주서문교회 건축에 대한 김정철 선생의 의도에 대해서는 이렇게 기록되어 있습니다.

"전주시의 전통적이고 정정한 가로 분위기와 친화감을 갖도록 특별한 축선과 정면성이 없는 조소적 형체의 건축을 시도했다. 벽돌이 모여 작은 매스를 이루고, 이 작은 매스가 모여 하나의 교회 공동체의 형태를 이룬다. 이러한 조형은 80여 년의 역사를 지닌 이 교회의 고난의 발자취를 상징한다. 내부는 강단 상부의 종탑에서 쏟아지는 빛이 예배 공간의 정점인 말씀의 자리를 더욱 신성화시키고, 창에서 흘러들어 온 부드러운 채광과 더불어 신앙적 분위기를 고조시킨다. 광장에 복원 배치된 옛 종탑은 친교의 외부 공간을 더욱 구심화시킨다."[29] 2018.11

진천성당

1907~1910년 YMCA 회장을 맡아 이상재 선생의 항일운동을 뒷받침하며 기독교연합에 힘쓰고 회관을 신축했던 대한성공회 단아덕(Arther B. Turner, 1862-1910) 주교는 1905년, 충북 진천을 중부 내륙의 선교 거점으로 택했습니다. 그는 민족사랑에 기초하여 현실을 도외시 말고 항일운동에 참여하고, 기복신앙을 배격하라는 신앙원리와 자치·자립을 강조했습니다.

    진천성당은 1907년 단아덕 주교가 파송한 선교사 김우일(Wilfred N. Gurney) 신부에게서 시작됩니다. 김 신부가 1908년 건축한 성당은 1920년 소실됐습니다. 현 성당의 원형은 선교사 유신딕(George E. Hewlett) 신부가 1923년에 지은 '성모와성요한성당'입니다. 1974년에 다시 건축한 성당을 2002년 11월 해체하여 복원하였고 국가등록문화재 제8호로 지정됐습니다. 의료와 교육을 중시한 성공회 선교 방향에 따라 강화도 온수리에서 의료선교를 하던 노인산(Arther F. Laws) 의사 부부가 진천으로 와서 애인병원[愛人病院]을 세웠습니다. 근대 의료시설 애인병원을 통한

충청북도 진천군 진천읍
문화3길 72
1908년 설립
대한성공회

기독교 사랑과 많은 약품과 뛰어난 의술로 환자들이 몰려오고 교회는 왕성해졌습니다. 안타깝게도 애인병원은 1941년 일제의 선교사 추방 정책으로 폐쇄됐습니다.

1923년 진천성당은 세례 교인 940명, 주일학교 출석 어린이 250명에 이르렀고, 가장 많았던 때는 재적 교인이 3,000명이나 되어, 주일에 성당 마당에 큰 가마솥을 5개나 걸고 밥을 지었습니다. 밥을 먹은 이들 중에는 충북에서 의병 운동하던 이들이 상당수 포함돼 있었다고 합니다. 사실 의병들을 염두에 두고 밥을 많이 한 것이랍니다.

1908년 학당과 수녀원을 만든 진천성당은 1912년 신명학교를 설립했습니다. 수많은 인재들 중에 헤이그밀사사건 주역 이상설 선생을 비롯해 항일인사가 많았습니다. 결국 1937년 조선총독부에 의해 삼수학교로 강제 흡수당합니다. 진천성당은 1929년 진천유치원을 세워 유아교육에도 힘썼습니다.

단아한 기품이 느껴지는 한옥 성당은 충북지역 선교 거점 역할을 목적으로 건축된 충북지역 최초 성공회 건축물입니다. 이후 성공회 성당 건축 모델이 되는 동서양이 융합된 건축 형식의 특징을 잘 보여 준다는 측면에서 건축사적 의의가 있습니다. 붉은 벽돌로 벽을 쌓고 기와로 팔작지붕을 올린 한옥 성당 내부는 가로로 긴 한옥을 세로축으로 전환해 성당 공간을 조성하는 방식에서 성공회 선교 초기의 정신이 잘 드러났습니다. 성당 내부의 장엄함을 강조하는 서양의 전형적인 바실리카양식의 건축적 요소가 살아납니다. 창호 역시 높은 창을 두는 서양 요소를 접목했으니 우리 전통사찰 건축방식과 서양성당의 융합입니다. 한옥 성당 옆에 로마네스크 양식으로 지은 새 성당의 예배당은 깔끔하고 우아했습니다. 진천성당은 한옥 성당 뒤에서 두 팔 벌린 예수님상처럼 힘겨운 이들을 품어 주려고 힘쓰고 있습니다. 2020.07

청주제일교회

무한욕망 가치관이 바뀌고 노동이 존중받는 사회가 되지 않고서는 실타래처럼 엉킨 교육 문제를 풀지 못한다는 점에서 바른 교육에 헌신했던 선교 초기에서 많이 배워야 합니다. 청주 최초의 청주제일교회는 미북장로교회 선교사 민노아(Frederick S. Miller, 1866-1937) 선교사와 전도인 김흥경이 1904년 11월 초가집에서 시작했습니다. 지역민들이 유달리 배움 열정이 크다는 사실을 파악하고 교육선교에 심혈을 기울였습니다. 청천교회에서 청동학교, 신대교회에서 청서학교, 청주읍교회(청주제일교회 전신)에서 청남학교와 청신여학교(현재 두 학교가 청남초등학교로 병합), 청신야학, 상당유치원을 운영했고, 묵방교회에서 청북학교, 괴산읍교회에 곽신학교를 세워 근대적 교육을 시작한 까닭에 청주가 교육 선교의 모델이 됐습니다. 해방 후 청주제일교회는 1949년 세광중학교, 1953년 세광고등학교를 세웠고 YMCA와 YWCA를 조직해 기독교 시민운동을 전개했습니다.

    교회는 청주 영장[營將]의 관아와 옥사가 있던 장소로

충청북도 청주시 상당구 상당로13번길 15
1904년 설립
한국기독교장로회

이전했는데, 이곳은 1866년 병인박해 당시 천주교 신도가 처형당한 순교성지입니다. 1941년 일제에 교회 종을 빼앗기고 여러 시련을 당하지만 청주 최초로 500석 규모 서양 고딕식 2층 벽돌 예배당을 완성했으며, 1951년 증개축하여 오늘에 이릅니다. 2001년 교회 창립 100주년을 기념해 밀러기념관을 준공했습니다. 교회 마당에 기념비가 많습니다. 청주 최초(1921년) 한글 비석으로 유명한 '로간 부인(Mary Lee Logan 선교사) 기념비', '교회창립 100주년 기념비', '기독청년운동, 기독여성운동, 민주화운동 기념비', '6월 민주항쟁 기념비', '기장 총회유적교회 지정기념비' 등에서 민족과 동행한 숨결을 느낄 수 있었습니다. 예배당 마당은 교회와 붙어 있는 육거리 시장 주차장과 통로로 이용돼 명실공히 마을의 교회가 됐습니다.

교인들은 일제침략반대 의병활동에 가담했으며 항일 민족운동을 주도했습니다. 특히 김태희 선생은 상해임시정부 국내 비밀조직의 충북 책임자로 나중에 장로가 되었고, 일제에 의해 허물어질 망선루(고려 시대 목조 건물)를 지켰습니다. 망선루는 청남학교와 상당유치원, 야학 등의 민족교육 운동과 각종 집회, 강연회 등의 사회운동 장소로 사용되었습니다.

3·1운동 당시 3년 옥고를 치른 함태영 목사가 1921년부터 1928년까지 청주제일교회에서 사역했습니다. 신사참배 거부로 청남학교가 문을 닫는 와중에 박상건 담임목사가 만주로 망명하는 사건도 일어났습니다.

청주제일교회는 1970~1980년대 군부독재 시절에는 '빨갱이 교회'라는 말까지 들으며 유신헌법 철폐, 반독재 민주화운동의 산실로 큰 버팀목 역할을 했습니다. 방문한 날 우연히 읽은 교회 소식지 『육거리 편지』 24호(2018년 12월 발행)에 제시된 교회의 좌표는 동네 사람과 동네 이야기가 모이는 마을의 플랫폼(소통의 공간) 역할을 해야 한다는 것이었습니다. 2019.02

해남읍교회

100년 넘도록 지역사회에 튼실하게 서 있는 교회의 존속 이유가 사단법인 '참된평화를만드는사람들'이 펴낸 『평화세상』 2020년 5월호의 홍상태 박사의 글에 담겨있었습니다.

"2000년 전 미미했던 기독교가 어떻게 해서 로마의 국교가 될 정도로 그 영향력을 넓히게 되었을까? (중략) 세상에서는 인간 대접을 받지 못해도 교회에 가면 환영해 주고 평등한 세상을 경험하며 함께 식사를 하였다. 이렇게 시작된 가정교회를 기반으로 한 초내 교회에서 가장 중요한 덕목 중의 하나는 사람들에 대한 환대(hospitality)였다. (중략) 프로그램이 아닌 예수의 마음과 초대 교회의 환대의 정신으로 세상과 이웃을 섬기는 교회의 전통을 회복하게 될 때 성장은 자연스레 이루어지지 않을까?"

해남읍교회 이준묵 목사의 섬김과 봉사 사역(1945~1981년 시무)은 전범[典範]입니다. 그는 부임하자마자 YMCA와 삼애농민학원을

전라남도 해남군 해남읍
수성리 50-1
1910년 설립
한국기독교장로회

설립하여 땅끝 해남을 '희망의 땅'으로 일구었습니다. '하나님·이웃·농촌'을 사랑하는 '삼애'[三愛]는 삶 자체였습니다. '광주의 성자' 강순명 목사의 독신전도단에서 함께 활동하던 친구 '맨발의 성자' 이현필 선생이 고아들을 계속 돌보기 어렵게 되자, 1953년 등대원을 설립해 서거 전까지 고아 700여 명을 대신 보살폈습니다. 또한 삼애농민연수원 등에 영농기술을 보급했으며, 해남유치원부터 시작해 해남고등공민학교, 호만고등기술학교, 천진어린이집, 해남장애인종합복지관 등을 설립·운영하자 해남은 활기를 띠었습니다. 이 목사는 종교를 넘어 해남 지역공동체의 등대였습니다. 그러면서도 신자가 서넛에 불과한 마을도 놓치지 않고 돌보고 50여 교회를 개척했습니다.

매일 새벽 뒷산에서 기도한 이 목사는 날이 밝으면 수도자에서 농촌혁명가로 변했습니다. 집에서 스포츠머리로 깎고 남들이 버린 국민복을 기워입고 자전거로 먼길을 다녔습니다. 한신대 이사장과 한국기독교장로회 총회장을 지냈지만 외진 남도에서 평생 사역했습니다. "덴마크엔 농촌부흥을 이끈 그룬트비가 있었고, 한국엔 이준묵이 있다."고 회자되었다고 합니다. 또 군사독재에 항거하여, 교회는 민주화운동의 산실로서 해남의 정신적 지주로 자리매김했습니다.

해남읍교회는 1905년 9월 해남읍 고도리의 방기남 집에서 예배를 드렸고 1910년 하위렴(W. B. Harrison, 1866-1928) 선교사와 김영진에 의해 정식 교회가 되었습니다. 그후 임봉록·이복덕 부부는 전 재산을 헌납하여 교회 발전의 기초를 놓았고, 주초[酒草]를 끊고 열심히 신앙생활하며 해남에 찾아오는 이들을 잘 대접했습니다. 생활이 어려운 무당들도 많이 출석해 '당골 집회소'라고도 불렸을 정도로, 설립 초기부터 환대하는 공동체였습니다.

'사랑으로 다가가는 교회'라는 표어에 걸맞게 아름다운 환대사역은 더욱 아름답게 꽃필 것입니다. 2020.05

4부

경상도와 제주도 그리고 만주

가북교회

"하나, 월급이 적은 쪽을 택하라. (중략) 아홉, 부모나 아내나 약혼자가 결사반대를 하는 곳이면 틀림이 없다. 의심치 말고 가라. 열, 왕관이 아니라 단두대가 기다리고 있는 곳으로 가라."

거창고 강당에 걸려 있는 '직업 선택 십계명' 내용 중 일부입니다. 전영창 선생은 1956년 빚을 얻어 폐교 직전의 거창고를 인수해 인성교육의 본산으로 키웠는데, 국내 최초로 유기농을 시작해 정농회를 설립하고 환경생명운동을 펼친 원경선 이사장이 크게 기여합니다.

아름다운 이야기 뒤에 거창 민간인 학살사건이 있습니다. 1950년 서울 수복 후 국방부가 인민군과 빨치산을 토벌하려고 창설한 제11사단 제3대대 대대장 한동석 소령은 1951년 2월, 신원지서가 빨치산 공격을 받자 주민 719명을 총살했습니다. 진상 조사를 위해 나온 국회조사단에게 김종원 대령의 지시로 위협사격을 하며 학살을 은폐했습니다.

경상남도 거창군 가북면
우혜2길 67-6
1934년 설립
대한예수교장로회 통합

미북장로교 심익순(Walter E. Smith, 1874-1932) 선교사가 거창에 복음을 전했습니다. 7년간 거창지역을 순회 전도하며 세운 8개 교회 중 하나인 개명리교회(1904)가 이 지역 최초의 교회입니다. 1906년 세워진 가조교회 교인들의 전도로 가북에 교인들이 생겨나자, 당시 거창지역의 순회목사로 12년간 사역한 이자익 목사가 1934년 가북교회를 설립했습니다.

가북교회 교인들은 일제의 신사참배 강요에 온몸으로 맞서 거창경찰서에 감금되는 등 수난을 겪었습니다. 해방 후 거창지역은 신사참배 반대 운동을 주도했던 주남선 목사 영향으로 대다수 교회가 예장 고신교단에 소속되었습니다. 가북교회가 대한예수교장로회 통합교단에 속하게 되자 가북교회에서 나온 교인들은 용산교회를 세웠습니다.

진실화해를위한과거사정리위원회 상임위원으로 헌신했던 성공회대 김동춘 교수는 2017년 11월, '한국전쟁 전후 민간인 희생자 전국 합동 추모제'에서 이런 조사[弔詞]를 했습니다.

"(전략) 20세기 발생했던 우리 역사 최대의 비극인 전쟁 전후 학살 사건에 대하여 우리 사회는 너무 무관심했고 또 여기 유족들은 힘들게 살아오셨습니다. (중략) 살아 있는 우리들이 희생의 진실을 밝히고 이런 비극이 다시 재발하지 않도록 그런 역사적인 주체가 되어야 한다고 생각합니다. (중략) 우리가 영령들을 위로하고 살아 있는 여러분들이 서로를 위로하면서 우리 사회의 화해를 도모할 수 있는 좋은 기회가 되었으면 좋겠습니다."

한국전쟁 70주년에 거창 민간인 학살사건의 증인 가북교회가 아직도 상처가 많은 이들 곁에서 기도하며 든든히 머물러 있으면, 그들 스스로 일어날 것입니다. 2020.08

경주제일교회

경상북도 경주시
중앙로47번길 3
1902년 설립
대한예수교장로회 통합

2000년 고도[古都] 경주에 복음이 전파된 시점은 1902년이었습니다. 1886년 대구에 부임하여 사역하던 안의와(James. E. Adams, 1867-1929) 선교사는 경주 장날 노방전도에 나섰습니다. 이때 예수를 받아들인 박수은·김순명 등 10여 명이 1902년 5월 10일, 성건동 초가집에서 예배하면서 경주읍노동교회(경주제일교회 전신)가 창립되었습니다.

박수은·김순명 두 분을 영수로 세워 교회를 돌보게 하지만, 불교가 중심인 경주의 특징 때문에 복음 전도가 여의치 않았습니다. 이에 미북장로교 선교부는 기성 종교와 갈등을 피하고, 근대문화를 통해 기독교를 정착시키고자 교육선교에 치중했고, 1909년 교회 부설 계남학교가 설립됐습니다. 이 경주 최초의 사립 초등학교에 김동리 작가도 다녔습니다. 1910년 일제 강제합병에 망연자실한 시민들이 교회로 몰렸고, 불의한 권력에 저항하라는 설교는 1919년 3·1운동으로 발현됐습니다. 일경은 독립운동을 주도한 박영조 목사와 청년들을 투옥했고, 박 목사가 출감하자 대구 남산정교회로 쫓아냈습니다. 또 일제는 반일 민족교육을 한다는 이유로 계남학교마저 폐교시켰습니다. 1945년 7월 29일에는 성수주일을 방해할 목적으로 경보 사이렌을 울려 양화석 목사의 설교를 중단시켰는데, 임오순·강철수 등 교인들이 거세게 항의했고 일경은 10여 명을 연행해 구금했습니다.

1951년에 건축된 석조예배당의 단순한 공간은 100여 평으로 200명이 예배했는데 지금은 사회봉사관으로 시민들에게 개방하고 있답니다. 예쁘게 물든 단풍나무와 소나무를 배경으로 1980년 건축한 본당과 석조 예배당을 찍고, 왕들의 계곡인 '대릉원'으로 걸어갔습니다. 도시 한복판에 거대한 봉분들이 있다는 것 자체가 신비스럽습니다. 아침 햇살에 잔디는 빛났고 고분 사이로 걸으니 마음이 평온해졌습니다. 정문 밖으로 더 걸어가 마주한 첨성대는 눈높이가 달라져서인지 작다는 생각이 들었습니다. '계림'은 작았지만, 신라 1000년을 보여 주는 무성한 고목들에 눈길을 주며 산책하는 여유로움을 만끽했습니다.

지난 2020년 11월 19일, 충남·대전 목회아카데미 강사 백광훈 목사는 '우리 시대의 문화 변동과 한국 교회의 과제'라는 제목의 강연에서 이렇게 말했습니다.

"교회와 문화는 궁극적으로 상관관계적이며 상호 변혁적이다. 역사적으로 보면 교회와 문화는 서로 관계를 주며 형성되어 왔다. 교회는 문화를 변혁하지만 거꾸로 문화 역시 교회의 변화를 촉발시키기도 한다."

2003년 경주제일교회에 부임하여 2018년에 은퇴한 정영택 목사는 예장통합 총회장을 역임했습니다. 이제 박동한 담임목사가 전통문화를 기독교와 잘 접목하여 한국 교회의 새길을 열어가길 바랍니다. 2020.12

김해교회

김해교회 설립자 배성두 장로는 '변혁 지향적 신앙'의 전형입니다. 가난한 이들이 많은 곳에서 한약방을 하던 배성두는 부산에서 배위량(William M. Baird, 1862-1931) 선교사를 만나 회심하고 한약방을 중심으로 신앙 공동체를 만들고 1894년에는 교회를 설립했습니다. 복음 전도뿐 아니라 인재육성에 열정을 쏟아 1907년에 합성초등학교를 세웠습니다. 한글학자 이윤재(1888-1943) 선생이 이곳 출신입니다.

 배 장로의 맏아들 배동석도 배일 혐의로 대구 계성학교에서 퇴학당해 만주와 상해로 건너갑니다. 독립운동을 돕다가 뒤늦게 세브란스의전에 입학하고 3·1운동 때 학생 대표로 나섰고, 김해로 내려와 독립운동을 이어가다 수감됩니다. 5년을 복역하다 극심한 고문 후유증으로 병보석 출감 2개월 만에 순국합니다.

 2018년 3월, 김해교회는 항일 독립운동에 참여한 변혁 지향적 신앙 전통을 자부하는 동시에 김해지방 민족문화를 사랑하는 정신을 담아 교회 표지비를 세웠습니다.

경상남도 김해시
가락로 117
1894년 설립
대한예수교장로회 통합

"(전략) 김해교회의 표지판을 마구류와 갑옷에서 조형된 문양을 그 바탕으로 사용하였으며 특히 분청사기의 주가마가 있었던 김해 지방의 탁월한 토기 문화를 상징화하여 김해교회명을 작품화하여 표지판에 새겼다. 특히 3·1운동과 민족정기의 기치를 높이 세운 김해교회에 민족문화의 자부심을 상징화한 것은 이 땅에 기독교가 전파되어 그 복음이 김해교회에서 꽃피운 것을 1894년에 설립한 연호와 더불어 영원히 하나님의 영광이 함께하기를 소망하여 작품화하였다."

1994년에 김해교회에 부임한 조의환 목사는 1978년 제2회 MBC 대학 가요제에서 그가 속한 음악 서클 '썰물'이 〈밀려오는 파도소리에〉로 대상을 받았습니다. CBS 방송에서 교인의 영혼을 위한 갈급함이 있어야 한다는 지론으로 성령사역을 하게 된 경위를 듣고 공감했습니다. '이웃사랑 긍휼헌금'은 코로나19로 재난당한 필리핀 한마음교회, 파라과이 베데스다교회, 지역사회를 돕기 위한 것입니다. 긍휼과 공감은 복음의 핵심가치인데 김해교회가 예수 그리스도의 사역을 구체적으로 재현하고 있는 것입니다.

조의환 목사는 '행복한 세상을 만드는 신앙 공동체'를 지향합니다. 이를 위해서는 교우들이 먼저 행복해야 한다고 말했습니다. 성령사역으로 교우들을 하나님의 사람으로 바로 세우고 있습니다. 인간에 대한 근본적인 사랑은 김해교회가 김해 YMCA·YWCA와 함께 '생명의 전화' 설립을 주도한 것으로 이어졌습니다. 그리고 지역 주민과 어려운 이웃들을 위해 만남·나눔·섬김의 장 드림센터를 건축하고 사단법인 '사랑과 나눔'을 세워 여러 행사를 열고 있습니다. 균형 잡힌 사역을 통해 교회 설립 초 약속한 이웃에 대한 섬김과 나눔을 성실히 지켜 가는 건강하고 아름다운 신앙 공동체의 모습입니다. 2020.06

내매교회

2020년 11월 9일, 경북 영주문화원 주최 '제11회 영주 역사 인물 학술대회'의 기조발표에서 임희국 장로회신학대학교 명예교수는 강병주 목사와 강신명 목사에 대해 의미 있는 진술을 남겼습니다.

"(전략) 코로나19 사태가 문명의 전환을 요청하고 있다. 이러한 시대 상황에서 우리는 강병주·강신명을 다시 새겨볼 필요가 있다. 강병주는 당시의 조선에게 아주 낯선 문명인 서구 문명을 적극 받아들이면서 그 문명을 소개하는 기독내명학교를 운영하고 새 시대를 열어 갔다. 또 그는 새로운 문명을 담는 그릇인 한글을 발전시키는 데 지대한 역할을 했으며, 고향 영주 사람이자 성내교회 목사로서 피폐한 농촌경제를 일으키는 데 10년 동안 혼신의 힘을 쏟았다. 그의 아들 강신명은 새로운 문화(음악 작곡, 체육)를 창출하고 보급하는 데 기여했다. 이 부자는 마치 황무지를 옥토로 개간하듯, 20세기 초중반 교육·경제·문화 발전에 지대한 역할을 했다."[30]

경상북도 영주시 평은면
천상로259번길 137-31
1906년 설립
대한예수교장로회 통합

형 강신명 목사는 예장통합 총회장, 동생 강신정 목사는 기장 총회장을 역임했습니다. 동생은 1953년 제38회 총회에서 김재준 목사를 이단으로 규정하고 조선신학교가 직영 신학교로 있는데도 새 신학교 설립을 가결하자 총회에서 탈퇴하여 형제가 갈라서는 아픔을 겪습니다.

내매교회는 영주지역 최초 기독교인 강재원 장로가 세웠습니다. 대구 약령시장에서 배위량 선교사에게 전도받아 세례받았습니다. 대구제일교회에 다니다가 1906년 고향 내매마을로 돌아왔고 이듬해 자기 집에 십자가를 달고 주일예배를 연 것이 경북 북부 최초의 기독공동체 내매교회의 시작이었습니다. 그의 헌신으로 진주 강씨 집성촌 마을 전체(20가구)가 교인이 되었고 영주와 봉화에 19개 교회가 설립됐습니다. 미북장로회 오월번(Arthur. G. Welbon. 1890-1951) 선교사가 지역 최초 남자 성경 공부반을 열었고, 강병주 목사가 1910년 기독내명학교를 운영하면서 신앙·학문 교육이 함께 이뤄졌습니다. 내명학교는 경북 북부 최초의 기독사립학교로 신문화 도입과 문맹 퇴치에 기여했고, 항일운동의 모태가 되었습니다.

내매교회와 기독내명학교는 많은 인재를 배출했는데, 강병주·강신명 목사, 계명대학교 설립자 강인구 목사, 강진구 전 삼성전자 회장 등이 대표적입니다. 1955년 평은초등학교에 흡수돼 폐교된 내명학교가 2009년 영주댐 건설로 수몰되는 위기에 처했으나, 다행히 지금의 자리에 옛 학교 건물(한옥)이 복원되어, 신축한 내매교회 옆에 서게 되었습니다.

부석사와 소수서원이 있어서 불교와 유교가 왕성했던 영주에서 내매교회가 민족의 미래를 열고자 힘쓰며 지역사회에 뿌리를 내린 귀한 역사는 앞으로도 중요한 나침판이 될 것입니다. 2021.01

대구제일교회

2020년 2월의 대구제일교회 순례는 뜻깊었습니다. 3·1운동 민족 대표 이갑성 장로의 1919년 2월 대구행이 대구제일교회가 독립운동에 앞장선 계기가 된 까닭입니다.

그는 이만집 목사에게 3·1운동 거사를 알렸고 이 목사가 전달한 독립선언서를 학생들이 계성학교 아담스관 골방에서 등사하여 대구와 경북지방 전역으로 보냈습니다. 3월 8일 토요일, 아침부터 서문시장에 시민들이 몰려왔는데, 대구제일·남산·서문교회 교인과 계성학교·신명여학교·성서학원의 학생·교사 등 기독교인이 다수였습니다. 이만집 목사는 '공약 삼장'을 읽고 "지금이야말로 대한이 독립할 수 있는 때다. 모두 독립을 성취하기 위해 만세를 부릅시다. 대한독립만세!"를 외쳤습니다. 순식간에 1,000여 명으로 불어난 시위대열이 일경의 제지를 뚫고 현 대구백화점 부근 달성군청 앞에 이르렀을 때, 일본군 제80연대가 기관총을 겨눴습니다. 군경은 시위대를 구타하고 체포했고 71명이 실형을 받았습니다. 교회 지도자들과 교사·학생·상인, 병원 노동자들은

대구광역시 중구
국채보상로102길 50
1893년 설립
대한예수교장로회 통합

6개월에서 3년까지 형량을 선고받았습니다. 이 목사는 최고형인 3년을 선고받고 옥고를 치렀습니다. 3월 9일과 10일에도 시위가 이어지자, 대구고보·계성학교·신명여학교에 휴교령이 내려졌고 65명이 체포되어 6개월에서 1년 징역형을 받았습니다. 교회 교사들과 학생들이 적극적으로 만세운동을 이어갔습니다. 신명여학교 학생 3명이 옥고를 치른 사건은 대한애국부인회와 조선여자기독청년회를 통해 계승되어 여권신장과 광복의 밑거름이 되었습니다. 지역에서 존경받아 교회 성장에 기여한 이 목사는 1923년, 선교사들이 독선적으로 지배하는 경북노회를 탈퇴하고 자치를 선언한 후 민족 교회를 지향하는 자치운동을 벌였습니다. 경북노회는 분열되어 선교사들은 자치파를 이단시하고 마귀집단으로 규정하며 그를 면직했습니다. 2005년 정경호 목사, 정금교 목사 등을 중심으로 복권 운동을 벌인 덕분에 82년 만에 복권되었습니다.

   경북 대구지역 최초의 대구제일교회는 1893년 남성정교회라는 이름으로 설립되었습니다. 미국 북장로회 배위량 선교사가 1893년 대구에서 전도하여 4월 22일에 예배를 시작했고, 1897년 안의와 선교사가 정착하면서 발전했습니다. 1899년 이 지역 최초 서양의료 기관인 제중원(현 대구동산병원)을 설립하고, 1900년 대남소학교(현 종로초), 1902년 신명여자소학교, 1906년 계성학교, 1907년 신명여학교를 개교했습니다.

   교회는 중구 동산동으로 이전해 1989년 건축을 시작했고, 1991년 2월, 이상근 목사를 원로목사로 추대했습니다. 2010년 12월, 박창운 목사가 부임해 오늘에 이르고 있습니다. 옛 영남신학대학교 교정에 지은 고딕 교회당 뒤, '청라언덕'의 선교사 고택들은 운치가 있었고, 〈동무 생각〉(이은상 작사, 박태준 곡)의 돌비가 반겨 주었습니다. 대구제일교회가 다시 지역사회 변화를 추동하길 바라는 마음을 품고 서울행 기차에 몸을 실었습니다. 2020.02

명동교회

"별이 아슬이 멀 듯이, 어머님, / 그리고 당신은 멀리
북간도北間島에 계십니다.
나는 무엇인지 그리워 / 이 많은 별빛이 나린 언덕 우에 /
내 이름자를 써 보고,
흙으로 덮어 버리었습니다."

– 윤동주, 「별 헤는 밤」 부분

윤동주는 어린 시절 명동교회에서 놀며 예배하고, 성경 공부하며 가치관을 형성했습니다. 이 교회를 세운 분은 규암 김약연 목사로서 '간도의 대통령'으로 불릴 정도로 존경받았습니다.

문익환 목사의 부모 문재린·김신묵의 회고록에 따르면, 함경도에서 북간도로 가서 명동촌을 세운 4대 가문을 이끈 분들은 유학자요 교육자들로 옛 조상들의 땅을 되찾고, 넓은 땅에 이상촌을 건설하며 인재를 교육하려고 이주했습니다.[31] 1868년

중국 지린성
옌벤조선족자치주 룽징
1909년 설립
한국기독교장로회

함경도 회령에서 태어난 규암은 31세에 북간도 장재촌으로 이주하여 명동촌으로 개명하고, 1906년 이상설 선생이 설립한 '서전서숙'이 폐교되자 그 설립 정신을 이어받고자 배움터를 설립하여 1909년 명동학교로 개칭합니다.

　명동학교는 정재면 선생이 부임하면서 전환기를 맞이합니다. 상동교회 청년학원에서 전덕기 등의 영향으로 민족주의자가 되어 이준, 이동녕 등과 교제했던 기독교인 정재면 선생은 신민회에 가입하여 용정에서 활동했습니다. 명동학교 교사로 초빙받았을 때 "학생들과 마을 사람들에게 성경을 가르치고 예배를 드릴 수 있어야 한다."는 조건을 제시했습니다. 실학파였던 명동촌 지도자들은 며칠 회의를 거듭한 끝에 용단을 내렸고 규암은 1909년 6월경 명동교회를 세웠습니다. 1910년 이동휘 전도사가 사경회에서 여성 교육의 중요성을 강조하자 명동여학교를 세웁니다. 명동촌은 교육과 기독교, 독립운동의 온상이 되었습니다.

　규암이 1913년에 조직한 북간도 최초의 조선인 자치 기구인 '간민회'는 항일 민족운동의 구심체가 됩니다. 선생은 만세운동을 조직하고 지도하여 1919년 3월 13일, 용정교회의 종소리를 신호로 3만여 명이 만세를 외쳤습니다. 규암은 주동자로 체포되어 2년간 옥고를 치렀고, 일제 토벌대는 1920년 10월 명동학교를 불태우더니 1925년 폐쇄했습니다. 규암은 1928년, 평양신학교에서 공부한 후 이듬해 북간도노회에서 목사안수를 받아 명동교회에 부임했습니다. 계속 민족교육운동을 하다가 "나의 행동이 나의 유산이다."라는 유언을 남기고 1942년 10월 24일, 74세로 흠숭받는 생애를 마감했습니다.

　북간도에는 명동학교의 문익환·문동환 목사와 정대위 목사, 은진중학교의 강원용 목사와 김재준 목사가 있었으니, 이곳이 한국기독교장로회 뿌리라고 할 수 있습니다. 한국 교회가 평화통일 운동의 새길을 열면, 명동교회가 부활하는 사건이 될 것입니다. 2019.06

모슬포교회

제주특별자치도 서귀포시
대정읍 하모이삼로
15번길 25
1909년 설립
한국기독교장로회

해방은 되었지만 친일파가 득세하고 미군정의 실정으로 살기가 힘들어지자 제대로 된 나라를 열망하여 3만여 명이 참가한 1947년 제주 3·1 기념 대회에서 발포와 탄압이 벌어졌고, 도청직원과 경찰관 등 4만여 명이 참여한 3·10 총파업으로 번졌습니다. 사태의 본질을 깨닫지 못한 미군정이 강경 진압을 택했던 까닭에 제주도민 대다수가 지지한 4·3 봉기가 일어났습니다.

   1948년 4월 3일 새벽 2시, 300여 명의 무장대는 경찰서와 서북청년회, 우익 인사들을 습격했습니다. 이후 평화 협상은 조작된 방화 사건으로 깨지고 5·10 선거가 무산되자, 1948년 10월부터 이듬해 3월까지 반인륜적 초토화 작전이 감행되었고, 무장대도 고립과 식량난에 폭도로 변하여 4·3 희생자 대부분이 이 기간에 희생당했습니다. 계급 갈등이 거의 없고 공동체성이 강한 제주도인데도 막 구축되기 시작한 미소 냉전체제의 희생양이 된 것입니다. 더구나 유족들이 당한 국가폭력의 사회역사적 트라우마는 진상 규명은커녕 연좌제·모독·감시 등의 2차 피해로

더 심화되었습니다.

한국 교회는 4·3에 진 빚이 큽니다. 가해자 중 가장 잔혹했던 서북청년회 창립에 한경직 목사와 영락교회 청년회가 관여한 까닭입니다. 친일 청산과 토지개혁으로 불이익을 당하고 월남하여 반공의식이 투철했던 서북 출신 청년들이 미 군정과 이승만 대통령에 이용되어 지하공작과 좌익 척결에 동원되었습니다. 급료도 없이 제주도에 보내져 이들은 '악의 그림자'로 불릴 정도로 약탈과 집단학살을 자행했습니다. 광기의 시대에 토벌대와 무장대 사이에 화해자로 나선 이는 모슬포교회 조남수 목사였습니다. 모슬포교회는 1909년 이기풍 목사가 설립했는데 항일운동에 적극 나섰습니다. 2대 담임 윤식명 목사는 독립군 자금을 모금하다 10월 징역형을 받았고, 1920년에는 제주 최초의 남녀공학 광선의숙을 설립하여 민족교육을 감당했습니다.

4·3의 광풍은 모슬포교회에도 몰아쳐 무장대에 의해 허성재 장로 등 4인이 살해되었고 조남수 목사도 가까스로 화를 면했습니다. 사태가 더 심각해지자 조남수 목사는 서귀포경찰서 문형순 서장에게 "이런 식으로 가다가는 제주도민이 다 죽겠어요. 백성 없는 나라를 세우겠다는 겁니까?"라고 말했습니다. "자수했다가 만약 무슨 변을 당한다면 나는 여러분 앞에서 자결할 것을 맹세합니다." 그가 주민 5,000~6,000명 앞에서 자수를 권유하며 한 말입니다. 150회나 강연하여 약 3,000명이 자수해 살아남았고, 즉결 처형을 앞둔 20명을 살려 내기도 했습니다.

모슬포교회에서 가까운 진개동산에 가서 조남수 목사와 문형순 서장의 공덕비를 보고, 군인들과 경찰들이 묻힌 대정읍 충혼묘지를 찾아가 보았습니다. 여기서는 한라산이 보이지 않지만 제주도민들이 한라산에 잇대어 살아가는 까닭에 하늘에 그려 넣었습니다. 2018.04

부산진교회

"본 변호인은 『역사란 무엇인가』를 비롯해서 피고인들이 읽었다는 불온서적 10여 권을 오늘 아침 서점에서 사 갖고 왔습니다. 시중에서 아무나 살 수 있는 이 책들은 서울대에서 권장 도서로 추천도 했습니다. 이 책들이 불온서적이면 대한민국 최고 대학이라는 데도 불온 단체라 이 말입니까. (중략) 좋은 책 읽기 모임은 그냥 독서 모임일 뿐입니다. 책 살 돈 모자란 학생들이 책 돌려 보고, 토론하고, 지들 공부한 거 나눠 주고, 잘했다고 박수칠 일이지요."

1,100만 관객이 노무현 전 대통령을 기억하게 된 영화 〈변호인〉은 부산 부림사건을 모티브로 제작된 것입니다. 1981년 9월의 부림사건은 부산지역 최대의 용공 조작으로, 뿌리는 양서협동조합입니다. 1978년 창립한 양서협동조합의 독서운동을 통해 깨어난 570여 조합원들이 민주화운동의 중심에 섭니다. 1979년 10월 16일, 부마항쟁이 일어나자 군사독재 정권은

부산광역시 동구
정공단로17번길 16
1891년 설립
대한예수교장로회 통합

양서협동조합을 배후로 몰아 조합원 300여 명을 연행하고 강제 해산하지만, 회원들은 계속 민주화운동을 했고 부림사건으로 이어진 것입니다.

박정희 유신독재 체제는 긴급조치로 공포정치를 폈지만 경제적 불평등에 따른 민심 이반이 심각했고, 부산지역구 의원인 제1야당 김영삼 신민당 총재를 제명한 것도 영향을 끼쳐 부마항쟁이 일어났습니다. 비상계엄을 선포하고 위수령을 발동했지만, 항쟁진압 방식을 놓고 권력 내부에 균열이 생겼고 급기야 김재규가 박정희를 저격하면서 유신체제는 무너집니다.

부마항쟁의 중심은 기독교 민주세력이었습니다. 양서협동조합, 부산교회인권선교협의회, 부산EYC(Ecumenical Youth Council), 부산YMCA 등이 참여했고 특히 중부교회가 중요한 역할을 했습니다. 당시 문재인 변호사도 노무현 변호사 등과 함께 부산YMCA 이사와 시민중계실 법률자문을 맡고 있었습니다.

부산의 첫 교회인 부산진교회는 1891년 미국 배위량 선교사가 시작하여 호주의 맥케이(Mackay, 1899-1993) 선교사 등이 합류하면서 자리를 잡았습니다. 경남지역 복음화와 선교에 중요한 역할을 한 호주 선교사 3인방이 있었습니다. 왕길지(Gelson O. Engel, 1868-1954) 선교사는 부산진교회 초대 담임목사였고, 멘지스(Isabella B. Menzies) 선교사는 고아원과 일신여학교(현 동래여고)를 세웠습니다. 매견시(James N. McKenzie, 1865-1956) 선교사는 나환자를 위한 상애원을 세웠고 그의 두 딸(Helen과 Catherine)은 일신병원을 건립했습니다.

3·1운동 때 일신여학교 교사들의 주도로 여학생들이 "독립만세"를 불러 경남지역 만세운동의 도화선이 되었습니다. 교사 2명과 학생 11명이 징역형을 받자 학생들은 10일간 동맹휴업으로 일제에 저항했습니다. 민주화운동 시절 부산진교회 강성두 담임목사와 YMCA 이사장 우창웅 장로가 독재 권력에 맞서 적극 참여했습니다. 2018.10

사촌교회

이름이 '사촌'이라 친근한 사촌교회는 123년간 경남 함안군 군북면 사촌리에 뿌리내린 구원과 생명의 옹달샘입니다. 1897년 3월, 호주장로교회 손안로(Andrew Adamson, 1860-1915) 선교사의 순회 전도로 탄생했습니다.

   손 선교사가 지역을 대표하는 유학자 집안의 조동규 씨를 전도할 때, 조씨는 예수를 믿으면 조선이 독립할 수 있는지 되물었고, "조선 사람 100만 명만 믿으면 자동으로 독립할 것이오."라고 답하자, 기독 신앙의 가치를 확신하고 그리스도인이 됩니다. 기독 신앙으로 독립에 대한 확신을 얻은 조동규 형제는 예배당을 지을 수 있게 600평의 논을 헌납했고 기와도 직접 사서 덮었다고 합니다. 두 사람이 헌신적으로 노력과 열정을 쏟아 산골에 복음이 빠르게 전파되었습니다. 부근 광산에 노동자 2,000여 명이 상주한 것도 외딴 이곳에 교회를 설립한 큰 이유였습니다. 그의 맏아들 조용석은 와세다대학교 정경과에 입학하고, 3학년 때인 1919년 2월에 2·8 독립선언서를 동경

경상남도 함안군 군북면
사촌2길 27-8
1897년 설립
대한예수교장로회 고신

한인YMCA회관에서 낭독했습니다.

1908년 손안로 선교사는 지역 기독교인들과 함께 창신학교를 설립해 초대 교장을 맡았습니다. 이 창신학교는 3·1운동을 주도하고 신사참배와 성경 교육 금지 등에 저항해 폐교됩니다.

사촌교회 출신인 이태준 순국열사는 선교사의 도움으로 1907년 세브란스의학교에 입학하고 안창호 선생에게 감화되어 독립운동의 뜻을 세웁니다. 105인 사건에 연루되자 중국 남경으로 망명하여 기독회의원에서 일하다가, 1914년 김규식 선생 권유로 몽골로 건너가 '동의의국'[同義醫局]이라는 병원을 개원합니다. 몽골에서 근대적 의술로 전염병을 퇴치하는 데 크게 이바지했고, 몽골 마지막 국왕의 주치의가 되어 1919년 7월 몽골 최고훈장을 받았는데 지금도 몽골에서는 신의[神醫]로 불립니다. 그의 병원은 중국과 러시아를 연결하는 독립운동 거점 기지로 독립운동가들에게 숙식과 편의를 제공했으며 영사관 노릇을 했습니다. 독립운동 자금을 조달했고, 상해임시정부 군의관으로도 활약했습니다. 한인사회당과 의열단 비밀요원으로 활동하면서 폭탄 제조 기술자 헝가리인 마쟈르를 김원봉 의열단 단장에게 소개했습니다. 그의 도움으로 제조한 폭탄으로 의열단은 여러 파괴 공작을 펼칠 수 있었습니다. 1921년 레닌 정부가 상해임시정부에 지원하기로 한 금괴 일부를 전달하는 임무 수행 중, 일본군에게 피살되어 38세에 순국합니다. 2001년 몽골 울란바토르에 '이태준기념공원'이 조성되었습니다.

고산준령을 병풍 삼아 서 있는 작고 소박한 사촌교회 예배당에 교회 역사를 대변하는 보물인 종이 매달려 있습니다. 1943년 일제가 태평양전쟁의 탄환 제작용으로 종을 압류하려 할 때, 교인들은 이를 지키기 위해 예배당 마루 밑을 파고 덮었습니다. 사촌교회는 언제나 지역과 동행할 것입니다. 2020.10

성내교회

경상북도 영주시 풍기읍
기주로81번길 6
1907년 설립
대한예수교장로회 통합

불교와 유교가 왕성했던 경북 풍기에서 성내교회가 어떻게 든든하게 설 수 있었을까. 장로회신학대학교 임희국 교수가 집필한 『하늘의 뜻, 땅에 심는 성내교회 100년사』를 읽으며 걸출한 목회자들이 중요한 역할을 했음을 알게 되었습니다. 1907년 김기풍과 김창립 등이 예배를 시작했고 1909년 3월에 풍기교회(1947년 성내교회로 개칭)라고 불렸습니다. 토착민과 황해도와 평안도에서 이주한 서북인들이 함께 신앙 공동체를 형성했습니다.

   성내교회를 튼실하게 세운 목사들은 대부분 제가 아는 분들의 선조들이었습니다. 초대 담임목사로 1923년 부임한 강병주 목사는 강신명 목사의 부친으로 평양신학교에서 3·1운동에 참여해 옥살이하였고 부임 후 교회학교 발전에 힘썼습니다. 조선어학회의 유일한 목사 이사로 한글 보급에 크게 기여하여 성경과 찬송가 용어가 한글 맞춤법 통일안에 따라 개편되는 결실을 거두었습니다. 농촌운동가로 지역사회의 사회·경제·문화 영역에서 활동했으며 성내교회는 부흥했습니다.

3대 목사로 1934년 부임한 김영옥 목사는 김형태 목사의 조부입니다. 안수받은 후 안동읍교회에 부임하고, 1919년 이중희 장로 등과 3월 13일에 시위하기로 결의하나 예비검속으로 혹독한 고문을 당하고 방면되었습니다. 만세운동은 예정대로 진행되어 크게 확산되었고, 168명이나 실형을 선고받았습니다. 포항교회에서 시무할 때는 신간회에 적극 참여했습니다. 1934년 성내교회에 분란이 일어나자 노회 파송받아 탁월한 지도력으로 안정과 화평을 이루었습니다.

7대 담임목사로 1952년 부임한 이성찬 목사는, 이삼열 박사와 친구 이승열 목사의 선친입니다. 신사참배 반대로 폐교된 평양신학교를 복원하고자 만주 심양에 세워진 동북신학교에서 공부하고 사역하다가, 해방 후 인천항으로 입국했습니다. 한국전쟁 때 군인들이 목재 교회당의 마루와 벽채를 뜯어가 기둥만 앙상하게 남아 있는 성내교회 재건을 급선무로 여기고, 미국 북장로교 선교부 지원을 받아 1953년 12월 입당합니다. 1954년 1월 위임식에서 교회가 담임목사에게 선물한 구두 한 켤레는 교회 건축을 위해 전국을 다니며 발품을 판 수고에 대한 존경의 표시였습니다. 10년 동안 교회를 섬기며 교회당을 재건하고 중흥시켰습니다. 11대 담임목사로 1988년 4월 부임한 최갑도 목사는 필자가 장로회신학대학교 신학대학원 시절 이문동교회 고등부 전도사로 일할 때 부목사였습니다. 31년 동안 사역하고 원로목사로 추대된 최 목사를 통해 교회는 많은 변화와 개혁이 이루어졌습니다. 교회는 하나님의 선교 도구라는 '하나님의 선교'(Missio Dei) 목회 철학이 지역사회를 섬기는 튼실한 바탕이 되었습니다.

2019년 8월, 임희국 교수와 둘러본 역사박물관에는 소중한 유물이 많았습니다. 그날 만난 최효열 담임목사가 성내교회의 아름다운 전통을 이어받아 계속 건실한 지역 교회로 발전하기를 소망합니다. 2019.09

안동교회

다른 곳에 비해 독립유공자가 월등히 많은 경북 안동(367명)은 '독립운동의 성지'라고 불립니다. 그중 석주 이상룡 선생은 독립운동을 위해 전 재산을 처분하여 확보한 군자금으로 중국 간도에서 신흥무관학교 등을 설립하여 무장항일투쟁 군대를 양성했고, 서로군정서 최고책임자로서 상해임시정부 초대 국무령을 지냈습니다.

    유교와 독립운동의 성지 안동에서 그리스도교가 흥왕했던 것은 안동교회 등 여러 교회가 시대적 소명에 충실했기 때문입니다. 안동교회 김영옥 목사와 김병우 장로는 1919년 3월 13일 장날, 교회 종소리에 맞춰 만세 시위를 벌이기로 은밀히 계획했으나 예비 검속으로 잡혀 유치장 안에서 종소리만 들을 수 있었습니다. 그러나 한 명의 그리스도인이 안동 3·1운동에 불씨를 지폈습니다. 석주의 동생인 이상동 조사가 3월 18일, 안동 중심에서 태극기를 모방한 연에 '대한독립만세'를 쓰고 혼자 만세 시위를 벌인 것입니다. 금방 일본 경찰에 체포됐지만 안동교회를 비롯해

경상북도 안동시
서동문로 127
1909년 설립
대한예수교장로회 통합

11개 교회 교인들이 만세 시위에 참여합니다. 시위가 격렬해지면서 투석전이 벌어졌을 때 두 교인이 총에 피살되었고, 여러 명이 임시정부로 가려다가 체포되어 감옥에 갇히는 등 고초를 겪습니다. 이상동 조사가 경성감옥에서 복음을 전해 회심한 4인 중에는 나중에 목사가 되어 제39회(1954년) 장로교 총회장으로 신사참배 결의 취소 성명을 낸 이원영 목사가 있습니다.

1909년 설립된 안동교회는 1911년 부임한 김영옥 초대목사에 의해 튼실한 기초가 놓였습니다. 그는 지역사회를 섬기는 건실한 교회로 세웠으며, 교회가 민족운동의 보루라는 믿음으로 3월 만세운동의 주역으로 활동하고 경북 교회 지도자들에게는 독립공채 모집을 독려했으며 신간회를 세우기 위해 애썼습니다.

안동교회는 분열이 없었고 모범적으로 분립 개척을 한 점이 가장 돋보입니다. 또 에큐메니컬정신을 구현하여 1951년 안동제일감리교회를 개척할 때 목사 급여를 후원하고 건축 헌금을 보냈고 교인을 파송했으며 예배당이 소실되었을 때도 후원했습니다. 1953년 성결교회 설립 전도집회를 적극 지원했고, 구세군의 정착을 도왔습니다. 심지어 가톨릭 성당을 세울 때도 협력했다고 하니 '어머니 교회'가 된 것입니다.

1937년 준공한 아름다운 석조 예배당의 설계자는 이화여대와 철원제일교회를 설계한 미국 평신도선교사 윌리엄 메렐 보리스입니다. 석조 예배당 옆 100주년기념관은 넓고 어린이 도서관과 카페 등이 있었는데 석조 예배당의 담임목사실은 의외로 비좁았습니다. 역대 담임목사들이 대대로 사용했다고 그냥 쓴다는 것입니다. 거기에 걸려 있는 총회장을 지낸 두 원로목사 김광현 목사, 김기수 목사와 현 김승학 담임목사가 함께 찍은 사진은 마치 가족사진처럼 보였습니다. 2018.08

의성제일교회

2018년 6월, 의성제일교회에서 열린 '배위량 순례단 창립 예배 및 총회'에서 배 선교사를 알게 되었습니다.

    배위량 선교사는 하노버대학교와 맥코믹신학교를 졸업하고 1891년 부산을 거쳐 인천에 도착했습니다. 1893년 4월, 경상지역 선교를 위해 부산 동래를 출발해 양산·밀양·대구·상주·예천·안동·의성·영천·경주·울산까지 487km나 되는 길을 한 달간 걸으며 전도 여행을 했습니다. 서경조와 박재용이 전도 여행에 동행했는데, 물선 땅에서 위험을 무릅쓴 덕분으로 대구에 영남지역 선교지부를 세워 지방시대를 열었습니다. 그가 1897년 평양에 세운 숭실학당은 1906년 우리나라 최초의 대학 숭실전문학교로 발전했습니다. 숭실대학을 떠나 문서사역을 한 그는 사경회와 순회전도를 하는 한편, 성경 번역에도 적극 참여했습니다. 오늘날 개역 성경의 모태 『성경젼셔』(1911)를 내는 데 기여했습니다.

    이 복음의 씨앗이 결실해 인구 5만 3,000명 정도인 의성에 교회가 150곳이 자리하고 있습니다. 그중 100년 역사를 지닌

경상북도 의성군
의성읍 향교길 29
1908년 설립
대한예수교장로회 통합

곳이 30개나 됩니다. 의성 첫 교회는 1900년 설립된 비봉교회인데, 김수영이 청도장터에서 전도받아 배위량 선교사에게 세례받고 돌아와 마을주민들과 예배한 일이 출발이었습니다. 처가가 있던 비봉마을을 왕래하면서 비봉교회에서 신앙을 갖게 된 교인이 1908년 읍내에 세운 것이 의성교회입니다.

　개신교가 의성에 깊이 뿌리내린 비결은 기독인들이 삶에서 모범을 보였고 교육과 독립운동에 기여한 덕분입니다. 비봉교회는 계신학교를 열었고 의성교회는 1920년대에 숭신유치원을 세웠습니다. 경북지역 3·1운동은 의성의 교회들이 중심이 되었습니다. 1930년부터 평양신학교 학생들이 농촌계몽 운동에 나섰다가 일제의 탄압을 받은 농우회 사건도 의성이 중심이었습니다.

　일제는 의성교회 유재기 목사 등을 체포하며, 1938년 8월 신사참배에 반대하다 붙잡힌 평양 산정현교회 주기철 목사를 이 단체와 연루됐다며 체포해 의성으로 압송했습니다. 주기철 목사는 결국 의성경찰서에서 7개월간 옥고를 치렀습니다. 1939년에는 신사참배에 반대한 권중하 전도사가 혹독한 고문을 받아 순교했습니다. 이 고난의 흔적을 의성상설전시관에서 찾을 수 있었습니다.

　의성교회에서 1961년에 분립한 의성제일교회 교회당은 아담하고 아름다웠습니다. 장 자크 루소는 『고백록』에서 "나는 걸을 때만 사색할 수 있다. 내 걸음을 멈추면 내 생각도 멈춘다. 내 말이 움직여야 내 머리가 움직인다."고 했습니다. 지금이야말로 우리가 함께 천천히 걸으며 하나님을 바라보고 진정으로 예수님을 따라 순례하는 삶을 살아야 할 때입니다. 그렇게 스스로를 정화할 때, 한국 교회의 생명이 되살아나지 않을까요. 2020.08

자천교회

한옥 두 채를 나란히 붙여 겹집 구조인 '一자형 예배당'인 자천교회에서 남자 교인들만 출입했던 문에 들어서니 남녀 좌석을 나눈 나무 칸막이가 보였습니다. '남녀칠세부동석'의 유교 가치관을 존중한 한국 교회의 토착화 과정입니다. 또 25평 내부 공간 구성은 바실리카 교회 양식을 일부 채용하는 한식·양식 절충이라고 합니다. 예배당 뒤에 선교사들과 조사들이 묵었다는 작은 온돌방 둘이 있었습니다. 당시 경북 지역 선교 지부는 대구였고 자천교회는 청송 지역으로 가는 길목에 있어서 이 온돌방은 요긴한 숙소였습니다. 예배당 왼쪽에 교회 설립자인 권헌중 장로 기념비와 묘비가 지금도 교회를 지키는 듯 했습니다. 고색창연한 종탑은 일제에 종을 빼앗겼는데, 1947년 다시 봉헌했다고 합니다.

　서당 훈장 권헌중 장로는 민족의식이 투철했던 선각자로 의병 활동 전력 때문에 이곳저곳 전전하다가, 대구제일교회와 계성학교를 세운 미북장로교 안의와 선교사로부터 복음을

경상북도 영천시 화북면
자천8길 10
1903년 설립
대한예수교장로회 통합

받아들여 자천에 정착했습니다. 그는 마을 사람들이 야소교[耶蘇教]를 반대하자, 주재소와 면사무소를 지어 주는 조건으로 1903년 초가삼간 한 채를 구입해 서당 겸 예배를 시작하여 자천교회가 출발합니다. 교인이 늘자 1904년 현재의 목조 기와집을 완공하지만 일제는 이곳을 교인들의 노동력을 착취하는 가마니 공장으로 삼았고, 1946년에는 대구폭동으로 피해를 보았으며, 한국전쟁 때는 인민군 사무실로 사용되는 등 모진 풍상을 겪었습니다. 한옥 예배당은 2005년 복원 공사를 마무리했고, 2007년 대한예수교장로회 통합이 사적지 제2호로 지정했습니다.

예배당 오른쪽 온돌방에 딸린 '낮은 굴뚝'은 이웃사랑의 선한 마음을 담고 있습니다. 춘궁기에 가난한 이들의 마음을 헤아려 연기가 멀리 밖으로 퍼지지 않게 한 것입니다. 높이 솟아오르는 굴뚝 연기에 인근 가난한 평민들이 더 고통스러워하지 않을까 배려하는 마음이 담겨 있습니다. 오늘날 대형 교회에 가난한 이웃에 대한 겸손과 배려심이 조금이나마 남아 있었다면, 척박한 시대에 어떻게 교회당을 그렇게 거대하게 건축할 수 있을까요.

자천교회 옆에는 안채와 사랑채, 좌우 별채, 대문채로 구성된 전형적인 전통한옥이 있습니다. 이 건물은 권헌중 장로가 1913년 50명의 신입생으로 시작한 2년제 근대식 남녀공학 공교육 기관(소학교) 신성학당이었습니다. 교회가 문맹퇴치 운동, 농촌계몽 운동, 절제 운동을 벌인 현장인데 지금은 한국기독교 역사교육, 독서교실 등으로 운영하고 있고, 전국 교회의 수련회와 모임 장소로 이용되고 있습니다. 권헌중 장로의 헌신의 토대에 손산문 담임목사의 정성스런 돌봄이 자천교회 역사를 지탱하는 힘입니다.

잘 보전된 자천교회가 앞으로도 힘겹게 사는 이들의 일상에 다가가 진리와 생명의 통로가 되어 한국 교회의 다가올 천년 역사의 나침판이 되길 바랍니다. 2019.01

저동침례교회

엠브레인트렌드모니터가 2020년 7월 공개한 2020년 종교 및 종교인 관련 인식 조사 결과, 천주교와 불교인은 '온화한', '따뜻한' 같은 긍정적 이미지가 우세했는데, 개신교인은 '거리를 두고 싶은(32.2%)', '이중적인(30.3%)', '사기꾼 같은(29.1%)' 같은 부정적 이미지가 컸습니다. 묵묵히 십자가 사랑을 실천하는 길밖에 답이 없다는 점에서 울릉도 교회들이 110년 이상 뿌리를 내린 점을 주목하게 됩니다.

저동침례교회는 1909년 김창규 씨가 울진에서 김종희 전도인을 초청해 주체적으로 설립됐습니다. 이 시기 울릉도에 석포교회·평리교회·서달교회도 설립됐습니다. 부산에서 사역하던 매견시 선교사가 1910년부터 5회 방문해 교회의 기초를 다졌습니다. 1913년 4월 그가 남긴 기록에는 당시 울릉도민들의 상황이 드러나 있습니다.

"(울릉도에) 7,000명의 조선인과 1,500명의 일본인이 있다.

경상북도 울릉군 울릉읍
저동1길 21-19
1910년 설립
기독교한국침례회

조선인들은 정말 비참하게 살고 있다. 작년에 들었는데 곡물의 흉작으로 1년에 석 달은 들에 난 야생 뿌리와 나물 등을 먹으며 산다고 한다. 그들은 거의 일본 상인에게 빚을 지고 있는데 땅에서 난 모든 수확물을 빚을 갚는 데 다 바친다. 그러면 다음 해의 경작과 생계를 위해 더 많은 빚을 내야 되고, 이런 과정이 반복된다. 조선인은 자기네 땅에서 마치 귀양 온 사람처럼 멀리 떨어져 살게 되니 그들은 위로와 소망을 안겨 주는 복음을 받아들일 준비가 충분히 되어 있었다."

비참한 식민지 상황에서 도민들이 마음을 기댈 곳은 신앙뿐이었습니다. 울릉도 41곳의 교회 중 10여 교회가 일제강점기에 세워진 점은 고단한 삶을 신앙으로 이겨 내려 한 도민들 삶의 단면을 드러냅니다. 2005년 인구 주택 센서스에 의하면 경상북도 복음화율은 11.6%인데, 그중 울릉도는 31.7%로 압도적 1위를 차지했습니다.

모두가 힘겨운 시대라 그런지 함민복 시인의 「닻」이 가슴으로 다가옵니다. 배의 어부에게 마을에 있는 작은 집이 마음의 닻인 것처럼, 저동침례교회는 앞으로도 계속 닻으로서 많은 이에게 진리와 생명이 될 것입니다.

파도가 없는 날 / 배는 닻의 존재를 잊기도 하지만
배가 흔들릴수록 깊이 박히는 닻 / 배가 흔들릴수록 꽉 잡아주는 닻밥
상처의 힘 / 상처의 사랑
물 위에서 사는 / 뱃사람의 닻
저 작은 마을 / 저 작은 집
— 함민복, 「닻」 2020.09

제주성안교회

"4월 3일이 주일이었던 2016년, 주일예배설교 시작에서 '4·3 68주년입니다.'라는 말에 바늘 하나 떨어지는 소리도 들릴 만큼 집중하던 성도들의 모습이 생각난다. (중략) 눈만 뜨면 갈등을 경험한다. 돌아서면 대립의 상황에 직면한다. 수십 년 동안 미움을 풀지 못하고 살아가는 이들이 적지 않다. (중략) 나는 늘 자신이 예수님과 빌라도 사이의 어느 경계선에 서 있는지 의문스러울 때가 많다."

이는 2019년 4월 11~13일에 진행된 '3·1운동, 대한민국임시정부 수립 100년' 제주 컨퍼런스 두 번째 분과의 발제에 대한 류정길 목사(제주성안교회)의 목회적 응답입니다. 주일예배 장년 출석이 3,500여 명이나 되는 큰 교회 목회자로서 깊은 고뇌가 담겨 있습니다. 4·3과 강정 해군기지, 예멘 난민, 거기다 제2공항 문제까지 불거져 '평화의 섬'이라는 명칭에 어울리지 않게 갈등과 대립이 많은 까닭에 목회가 만만치 않을

제주특별자치도 제주시
중앙로 470
1908년 설립
대한예수교장로회 통합

것입니다. 토마스 키팅 신부는 "그리스도의 사랑은 그분의 여린 심성을 통해 온전히 나타난다. (중략) 하나님처럼 여린 심성을 가진 존재는 없다. 하나님은 몽땅 내어 주기 위해 자신을 완전히 열어 놓으신 분이다."[32] 라고 말했습니다. 공감하고 사랑하기 때문에 약할 수밖에 없고, 그런 흔들림으로 큰 신앙 공동체를 건실하게 세워 가는 것 아닐까요.

제주 교회사의 산 역사 제주성안교회(초기 성내교회)는 1908년 이기풍 목사에 의해 세워져 제주도의 굴곡진 역사와 동행한 어머니교회입니다. 이기풍 목사는 평양신학교가 배출한 한국인 첫 일곱 목사 중 한 분입니다. 1907년 한국의 첫 독자적인 노회(독노회)는 창립기념사업으로 그를 제주도로 파송했습니다. 그는 원래 평양의 불량배로 선교사들에게 행패를 부리고 교회를 훼손하던 인물이었는데, 꿈에서 예수님을 만나는 신비체험으로 회개하고 세례를 받았습니다.

제주도에서 이 목사는 말이 통하지 않아 어려움을 겪었고, 이재수의 난 여파로 서양종교에 대한 반감 때문에 애를 먹었습니다. 다행히 오래전 경성에서 세례받고 귀향한 토박이 김재원을 만났고, 함께 전도해서 홍순홍 등과 함께 김행권 집에서 예배하는 것으로 성내교회와 제주선교가 시작됐습니다.

제주성안교회는 2007년, 교회 창립 100주년 기념 성전을 아라동에 짓고 입당했습니다. 지하에 많은 공간을 배치하고 높지 않게 지었고, 예배당 강단 뒷면은 대형 유리로 돼 있는데 뒤에 나무십자가가 서 있고 야자수와 철쭉, 벚나무가 있으며 제주도 현무암으로 만든 인공폭포가 보입니다. 강단 밖에 십자가를 설치한 것은 예수께서 성문 밖에서 고난을 당하셨음[33]을 기억하고, 삶의 현장에서 약자와 동행하신 주님을 따라 살자는 뜻이 담겨 있을 것입니다. 2019.04

진주교회

한국 교회에도 혐오와 배제, 차별이 커지고 있어서 참 안타깝습니다. 이런 때에 진주교회가 3·1운동은 물론, 한국 역사상 최초로 인간 평등을 주장하며 차별 관습을 타파하고 저울처럼 공평한 사회를 만들자는 형평사 운동[衡平社運動]에 크게 기여한 사실을 알게 되어 기뻤습니다.

 봉래동 진주교회는 1905년 11월, 호주장로교회 의료선교사 거열후(Dr. Hugh Currell, 1871-1943)와 가족들, 박성애 부부 등이 첫 예배를 드리고 설립되었습니다. 선교사들은 1906년 광림학교와 시원여학교를 설립했고 경남성경학원노 세웠습니다. 순교사 손양원 목사가 이 학교 출신입니다. 의사 거열후는 1913년 진주 지역 최초 서양식 병원 배돈병원[培敦病院]을 설립했습니다. 호주장로교회의 탁월한 여성 선교사 페이튼(Paton)을 기념하고자 그녀의 이름을 따서 배돈병원이라 부른 것입니다.

 1919년 3월 18일 장날, 2만여 명이 만세운동에 참가했습니다. 서울 다음으로 많은 인원이 참여한 진주 3·1운동은 일주일간

경상남도 진주시
의병로250번길 16
1905년 설립
대한예수교장로회 합동

지속되었습니다. 진주교회 교인들과 광림학교 교사·학생들은 물론, 배돈병원 의사·간호사들까지 적극 참여했습니다. 이런 역사적 사실에 주목한 진주교회는 종탑을 복원하고, 2012년 3월 18일 타종식을 거행했습니다.

 2013년 4월에는 형평사 운동 90주년을 맞이해서 '진주에서 최초로 일반인들과 백정들이 함께 예배드렸던 교회'라고 새겨진 표지판을 비전관 앞뜰에 세웠습니다. 형평사 운동은 1923년부터 일어난 백정들의 신분해방 인권운동으로, 이학찬 등 백정 출신과 강상호 등 양반들이 합심해 조직을 결성했습니다. 당시 백정들은 법제상으로 해방되었으나 실질적으로는 차별이 여전해서 해소해 줄 것을 요구했는데, 개화 양반도 참여하는 등 많은 이에게 호응을 받아 전국적으로 확산되었습니다.

 이는 "19세기 후반 진주는 기존질서에 대한 저항세력의 중요한 거점이 되었다."[34]는 표현에서 보듯 지역 운동의 영향을 받았는데, 형평사 운동을 촉발한 것은 선교사들의 백정 선교였습니다. 당시 천시당하며 옥봉과 서장대 아래에서 350명 정도 모여 살던 백정들을 입교시키고 존비귀천의 차별을 없앤 것입니다. 양반 교인 일부가 본당에서 합석하는 것을 반대했지만, 라이얼(David M. Lyall) 선교사의 교육과 설득, 스콜스(Nelle R. Scholes, 시원학교 교장)와 켈리(Marry J. Kelly) 선교사의 헌신적 노력으로 합석 예배가 이루어졌습니다. 합석 예배는 형평사 운동의 든든한 기초가 되었습니다.

 예수 그리스도의 사랑으로 백정들을 따뜻하게 품었던 진주교회(송영의 목사)가 이런 환대와 은총의 문화를 우리 사회에 널리 퍼뜨려 새날을 기다리는 이들과 동행하길 소망합니다.

2020.03

척곡교회

2020년 5월, 최근에 부임한 박영순 담임목사와 김영성 장로가 반갑게 맞아 주었습니다. 설립자 김종숙(1872-1956) 목사의 손자인 김 장로는 96세인데 악보도 없이 피아노 반주를 했고 척곡교회 역사를 거침없이 이야기해 주었습니다. 그는 2003년 명동서숙 교장이었던 선친의 유언에 따라, 70세 말에 미국서 귀국하여 명동서숙에서 공부했던 기억을 되살려 많은 사건을 기록하고 경북도청, 봉화군청, 영주노회에서 척곡교회와 명동서숙이 문화재로 인정받도록 하는 등 감춰진 한국 교회 자료들을 발굴했습니다.

　척곡교회는 대한제국 탁지부 관리였던 김종숙이 관직을 내던지고 태백산맥과 소백산맥 줄기 사이에 있는 처가의 고향, 봉화군 법전면 척곡리에 세운 토착교회입니다. 그는 원두우 선교사 설교에서 '야소교(예수교)를 믿어야 조국을 개명[開明]시킬 수 있다.'는 믿음을 갖게 됐고, 1905년 을사늑약이 체결되자 낙향해 전도사와 독립운동가로 활동했습니다. 1919년 장로가

경상북도 봉화군 법전면
건문골길 186-42
1907년 설립
대한예수교장로회 통합

됐고 1946년에 목사 안수를 받았습니다. 예배당 건립에 앞서 1907년, 김약연 선생이 세운 북간도 명동서숙과 동명의 학교를 지었습니다. 봉화 독립투사들이 독립 자금을 북간도로 전달했다는 사실을 보면 일부러 같은 이름을 쓴 것입니다. 산골짜기까지 찾아온 청년들이 꽤 많았으며 여학생 기숙사도 한 칸 있었다고 합니다.

척곡교회는 설립부터 독립운동과 깊이 연관돼 있었습니다. 김종숙의 처남 석태산은 봉화에서 활약한 의병장이었고 정용선 등 독립투사들은 척곡교회를 독립운동 자금을 만주로 전달하는 장소와 회합장으로 활용하며 경북 일대 주재소를 습격하고, 친일 부자들을 턴 군자금을 만주로 보냈습니다. 교회는 삼엄한 감시를 뚫고 3·1운동에 적극 참여했습니다. 김종숙은 1920년대에 일경에 끌려가 고초를 겪었고, 해방 직전에는 신사참배를 거부해 투옥되기도 했습니다.

척곡교회 예배당은 1909년 건립되었습니다. 지역 부자 최재구가 땅을 내놓았고 김종숙의 헌금으로 건축비를 충당하여 15평 정도 되는 미음(ㅁ) 자 기와집으로 세웠습니다. 초창기 한국 교회가 대부분 기역(ㄱ) 자 또는 한일자(ㅡ) 초가집이었던 것을 감안하면 독특한 건축 양식입니다. 뒷산으로 연결된 뒷문은 예배 인도자가 드나드는 문이자 독립운동가들이 발각될 경우 피신하기 위한 용도였다고 합니다.

척곡교회는 온갖 핍박으로 겨우 명맥만 유지하다가 2006년 역사적 가치와 교회적 의미를 인정받아 명동서숙과 함께 문화재청 등록 문화재 제257호로 지정되었고, 2009년 예장통합 총회가 한국기독교사적 제3호로 지정하고 예식을 거행했습니다. 또 교회 보관 기록 5점이 경상북도 문화재 자료로 지정됐습니다. 척곡교회는 2019년 5월, 창립 112주년 기념 예배를 드리고 교회당 복원 헌당식을 거행했습니다. 봉화를 떠날 때, 이 지역 교회들의 오랜 역사를 연구하기로 했다는 소식을 들었습니다. 2021.03

초량교회

"본질에 대한 통찰, 원천적 가치에 대한 천착, 이것이 진정으로 필요한 때이다. 진정한 급진성은 신학적 사유의 진보성, 개방성에 근거하기보다, 복음의 근원적 가치를 지켜 나가기 위한 타협 없는 용기와 실천에서 찾을 수 있다. 역사상 위클리프, 후스, 루터, 웨슬리 등 많은 개혁가들이 이단으로 몰려 탄압과 비판을 받았다. 개혁을 꿈꾸는 이들은 이런 의미에서 급진적이어야 한다."[35]

일제에 맞서 복음의 가치를 지킨 주기철 목사는 1897년 경남 창원군 웅천에서 출생, 오산학교에서 이승훈·조만식 선생에게 민족교육을 받았고, 평양신학교 졸업하고 목사안수를 받은 후 1926년 1월, 초량교회에서 1931년 7월까지 시무했습니다. 마산 문창교회를 거쳐 1936년 평양 산정현교회에 부임했고, 평양신학교 부흥회에서 한 '일사각오[一死覺悟]'란 제목의 설교는 신사참배 반대운동의 도화선이 되었고 일제에 검거되었습니다. 1938년 2월, 1차로 투옥된 이후 1944년 4월 21일 평양 감옥에서 순교할 때까지

부산광역시 동구
초량상로 53
1892년 설립
대한예수교장로회 합동

7년간 감옥에서 고초를 겪었습니다. 그의 신사참배 반대 투쟁은 투쟁자들을 격려했고, 전국적으로 확산하는 데 크게 기여했습니다.

   일본 제국주의자들은 그들의 종교 의식인 신사참배를 통해 청일전쟁과 노일전쟁에서 종교와 군국주의를 결합하고, 전의를 고양시켜 국민들을 침략전쟁으로 내모는 데 최대한 활용했습니다. 또 우리 민족 정체성 말살을 통한 황국식민화와 침략전쟁을 위한 노동력과 생명의 착취 수단으로 삼았습니다. 1938년 9월 10일, 평양 서문밖교회에서 열린 제27회 조선예수교장로회 총회 이튿날, 일제는 신사참배 반대 지도자들을 사전에 구금하고, 선교사들과 총대들에게 참배 결의를 방해하지 않도록 엄중히 경고한 후 경찰을 동원하고 총대를 위협해 신사참배를 가결시켰습니다.

   초량교회 교인들이 다수 참여한 백산상회는 백산 안희제 선생이 1914년 세워 상해임시정부와 광복군을 지원하는 군자금 모금에 큰 역할을 했습니다. 이러한 초량교회의 항일운동 참여는 사람들에게 큰 신망을 심어, 예배당 신축 헌금 대장에 다수의 비신자 이름도 있다고 합니다.

   부산 초량동 언덕배기에 '초량 이바구길'이 있습니다. '이바구'란 '이야기'의 경상도 방언입니다. 미국 북장로교 배위량 선교사가 1892년 11월 설립한 한강 이남의 최초 교회인 초량교회는 이바구길 중심에 서 있는 교회답게 항일운동과 한국전쟁 피난민들의 안식처로서 많은 이야기를 품고 있습니다.

   한국 교회가 이 시대의 우상인 맘몬(돈과 재물)과 성공, 시장 만능을 거부하고 힘겹게 사는 이들과 공감하고 연대하여, 감동적인 이바구들을 만들어 내는 것이 교회의 본질을 회복하는 길이 아닐까요. 2019.01

부록

지도로 보는 우리가 사랑한 교회 72

1부 — 서울

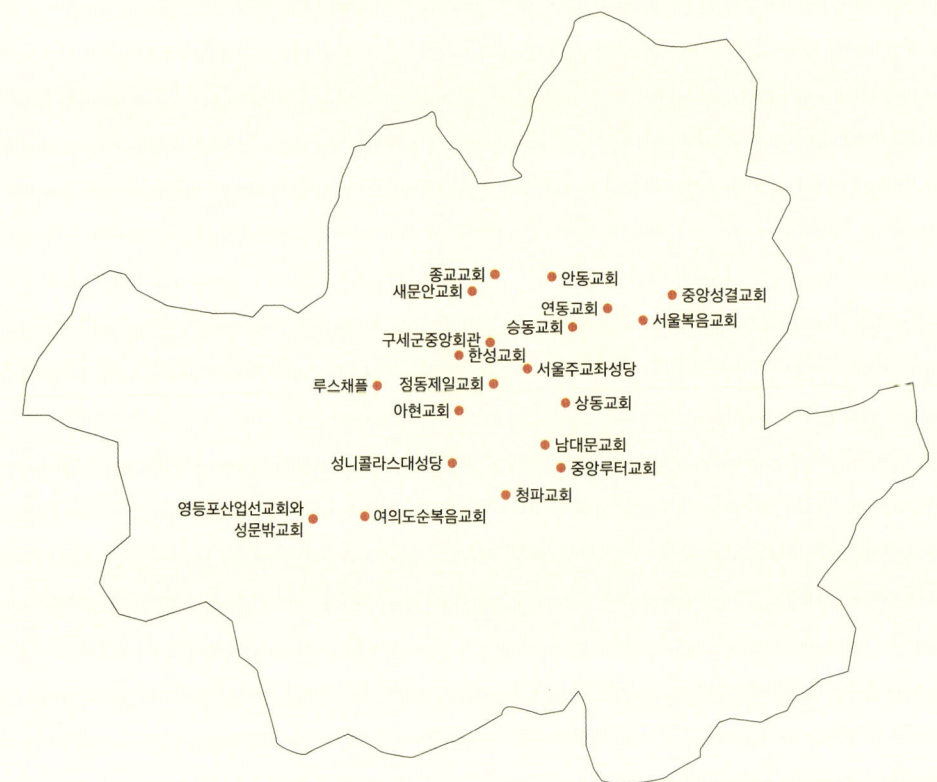

4부 — 경상도와 제주도 그리고 만주

주[註]

1 최종원, 『텍스트를 넘어 콘텍스트』, 비아토르, 2019, 161쪽.

2 정종훈, 『연세대학교 루스채플 이야기』, 연세대학교대학출판문화원, 2019, 3쪽.

3 정종훈, 위의 책, 32쪽.

4 새문안교회 대학생회 역사편찬위원회, 『시대의 횃불, 새문안 대학생회 민주화운동사』, 커뮤니케이션북스, 2017.

5 〈알쓸신잡 2〉 8회, tvN, 2017.

6 승효상, 『건축, 사유의 기호』, 돌베개, 2004, 23쪽.

7 파블로 네루다, 「침묵 속에서」 부분. 김기석, 『흔들리며 걷는 길』, 포이에마, 2014, 24쪽에서 재인용.

8 김근수, 『슬픈 예수』, 21세기북스, 2013, 8쪽.

9 이용범, 『인생의 참스승 선비』, 바움, 2004.

10 서남동, 『민중신학의 탐구』, 한길사, 1983, 86쪽.

11 권진관, 『예수, 민중의 상징. 민중, 예수의 상징』, 동연, 2009, 375쪽.

12 장숙경, 『산업선교, 그리고 70년대 노동운동』, 선인, 2013, 20쪽.

13 박노원, 『배민수 자서전』, 연세대학교출판부, 1999, 81~83쪽.

14 윤경남, 『좌옹 윤치호 평전』, 신앙과지성사, 2017.

15 청파교회, 『평화의 길 생명의 길 - 청파교회 100년사』, 6쪽.

16 서광선, 『기찻길 나그네길 평화의 길』, 한울, 2019, 136~138쪽.

17 개역개정판 요 18:36.

18 최종원, 『초대교회사 다시 읽기』, 홍성사, 2018, 253쪽.

19 김응교, 『처럼』, 문학동네, 2016, 383쪽.

20 이덕주, 『충청도 선배들의 믿음이야기』, 진흥, 2006, 12~13쪽.

21 유현준, 『도시는 무엇으로 사는가』, 을유문화사, 2015, 337쪽.

22 송현강, 『대전충남지역 교회사연구』, 한국기독교역사연구소, 2004, 51~52쪽.

23 이현주, 『돌아보니 발자국마다 은총이었네』, 생활성서사, 2002, 17~20쪽.

24 마르틴 루터(지원용 엮음), 『루터 선집5』, 컨콜디아사, 1981, 301쪽.

25 정시춘, 『교회 건축의 이해』, 발언, 2000, 118쪽.

26 구스타보 구티에레즈(성염 옮김), 『해방신학』, 분도출판사, 2000.

27 배철현, 『배철현의 위대한 리더』, 살림, 2019, 275~277쪽.

28 이정구, 『한국교회 건축과 기독교 미술 탐사』, 동연, 2009, 140쪽.

29 정림건축문화재단, 『김정철과 정림건축 1967~1987』, 프로파간다, 2017, 186쪽.

30 『제11회 영주 역사인물학술대회 자료집』, 32쪽.

31 문재린·김신묵(문영미·문영금 엮음), 『기린갑이와 고만네의 꿈』, 삼인, 2006.

32 토마스 키팅, 『세상의 중심』, 한국살렘영성훈련원 『2019년 사순절 묵상집』, 2019, 113쪽에서 재인용.

33 공동번역성경 히 13:12.

34 한국기독교역사연구소 편집부, 『믿음의 흔적을 찾아』, 한국기독교역사연구소, 2011, 189쪽.

35 최종원, 앞의 책, 195쪽.

이근복

현재 한국기독교목회지원네트워크 원장을 맡고 있다.
성균관대학교와 장로회신학대학교 신학대학원을 졸업하고, 영등포산업선교회 총무,
새민족교회 담임목사, 평화선교연구소 소장, 전국목회자정의평화협의회 상근총무와 상임대표,
한국기독교교회협의회 교육훈련원장을 거쳤고, 크리스챤아카데미 원장을 지냈다.

그림; 교회, 우리가 사랑한

초판 1쇄 발행 2022년 4월 17일

지은이 | 이근복
펴낸곳 | (주)태학사
등록 | 제406-2020-000008호
주소 | 경기도 파주시 광인사길 217
전화 | 031-955-7580
전송 | 031-955-0910
전자우편 | thspub@daum.net
홈페이지 | www.thaehaksa.com

편집 | 조윤형 여미숙 김선정
디자인 | 한지아
마케팅 | 김일신
경영지원 | 정충만

ⓒ 이근복, 2022, Printed in Korea.

값 19,500원
ISBN 979-11-6810-059-6 03200

이 책의 수익금 중 일부는 '한국기독교목회지원네트워크'와 '한국희년재단'을 위해 사용할 예정입니다.